Johann Wo

Faust

Der Tragödie Erster Teil

Reclam

Zu Goethes *Faust. Der Tragödie Erster Teil* gibt es in
Reclams Universal-Bibliothek

▶ einen *Lektüreschlüssel für Schülerinnen und Schüler*
(Nr. 15301)
▶ *Erläuterungen und Dokumente* (Nr. 16021)
▶ einen *Kommentar* (Nr. 18183)

RECLAMS UNIVERSAL-BIBLIOTHEK Nr. 1
Alle Rechte vorbehalten
© 1986, 2000 Philipp Reclam jun. GmbH & Co. KG, Stuttgart
Durchgesehene Ausgabe 2000
auf der Grundlage der neuen amtlichen Rechtschreibregeln
Gesamtherstellung: Reclam, Ditzingen. Printed in Germany 2013
RECLAM, UNIVERSAL-BIBLIOTHEK und
RECLAMS UNIVERSAL-BIBLIOTHEK sind eingetragene Marken
der Philipp Reclam jun. GmbH & Co. KG, Stuttgart
ISBN 978-3-15-000001-4

Auch als E-Book erhältlich

www.reclam.de

Zueignung

Ihr naht euch wieder, schwankende Gestalten!
Die früh sich einst dem trüben Blick gezeigt.
Versuch ich wohl euch diesmal fest zu halten?
Fühl ich mein Herz noch jenem Wahn geneigt?
Ihr drängt euch zu! nun gut, so mögt ihr walten,   5
Wie ihr aus Dunst und Nebel um mich steigt;
Mein Busen fühlt sich jugendlich erschüttert
Vom Zauberhauch, der euren Zug umwittert.

Ihr bringt mit euch die Bilder froher Tage,
Und manche liebe Schatten steigen auf;   10
Gleich einer alten halbverklungnen Sage,
Kommt erste Lieb und Freundschaft mit herauf;
Der Schmerz wird neu, es wiederholt die Klage
Des Lebens labyrinthisch irren Lauf,
Und nennt die Guten, die, um schöne Stunden   15
Vom Glück getäuscht, vor mir hinweggeschwunden.

Sie hören nicht die folgenden Gesänge,
Die Seelen, denen ich die ersten sang;
Zerstoben ist das freundliche Gedränge,
Verklungen ach! der erste Widerklang.   20
Mein Lied ertönt der unbekannten Menge,
Ihr Beifall selbst macht meinem Herzen bang,
Und was sich sonst an meinem Lied erfreuet,
Wenn es noch lebt, irrt in der Welt zerstreuet.

Und mich ergreift ein längst entwöhntes Sehnen   25
Nach jenem stillen ernsten Geisterreich,
Es schwebet nun in unbestimmten Tönen
Mein lispelnd Lied, der Äolsharfe gleich,
Ein Schauer fasst mich, Träne folgt den Tränen,
Das strenge Herz es fühlt sich mild und weich;   30
Was ich besitze seh ich wie im Weiten,
Und was verschwand wird mir zu Wirklichkeiten.

Vorspiel auf dem Theater

DIREKTOR. Ihr beiden, die ihr mir so oft,
In Not und Trübsal, beigestanden,
Sagt was ihr wohl in deutschen Landen   35
Von unsrer Unternehmung hofft?
Ich wünschte sehr der Menge zu behagen,
Besonders weil sie lebt und leben lässt.
Die Pfosten sind, die Bretter aufgeschlagen,
Und jedermann erwartet sich ein Fest.   40
Sie sitzen schon, mit hohen Augenbraunen,
Gelassen da und möchten gern erstaunen.
Ich weiß wie man den Geist des Volks versöhnt;
Doch so verlegen bin ich nie gewesen;
Zwar sind sie an das Beste nicht gewöhnt,   45
Allein sie haben schrecklich viel gelesen.
Wie machen wir's, dass alles frisch und neu
Und mit Bedeutung auch gefällig sei?
Denn freilich mag ich gern die Menge sehen,
Wenn sich der Strom nach unsrer Bude drängt,   50
Und mit gewaltig wiederholten Wehen
Sich durch die enge Gnadenpforte zwängt,
Bei hellem Tage, schon vor Vieren,
Mit Stößen sich bis an die Kasse ficht
Und, wie in Hungersnot um Brot an Bäckertüren,   55
Um ein Billet sich fast die Hälse bricht,
Dies Wunder wirkt auf so verschiedne Leute
Der Dichter nur; mein Freund, o! tu es heute!

DICHTER. O sprich mir nicht von jener bunten Menge,
Bei deren Anblick uns der Geist entflieht.   60
Verhülle mir das wogende Gedränge,
Das wider Willen uns zum Strudel zieht.
Nein, führe mich zur stillen Himmelsenge,
Wo nur dem Dichter reine Freude blüht;
Wo Lieb und Freundschaft unsres Herzens Segen   65
Mit Götterhand erschaffen und erpflegen.

Ach! was in tiefer Brust uns da entsprungen,
Was sich die Lippe schüchtern vorgelallt,

Missraten jetzt und jetzt vielleicht gelungen,
Verschlingt des wilden Augenblicks Gewalt.   70
Oft wenn es erst durch Jahre durchgedrungen
Erscheint es in vollendeter Gestalt.
Was glänzt ist für den Augenblick geboren;
Das Echte bleibt der Nachwelt unverloren.

LUSTIGE PERSON.
Wenn ich nur nichts von Nachwelt hören sollte;   75
Gesetzt dass ich von Nachwelt reden wollte,
Wer machte denn der Mitwelt Spaß?
Den will sie doch und soll ihn haben.
Die Gegenwart von einem braven Knaben
Ist, dächt ich, immer auch schon was.   80
Wer sich behaglich mitzuteilen weiß,
Den wird des Volkes Laune nicht erbittern;
Er wünscht sich einen großen Kreis,
Um ihn gewisser zu erschüttern.
Drum seid nur brav und zeigt euch musterhaft,   85
Lasst Phantasie, mit allen ihren Chören,
Vernunft, Verstand, Empfindung Leidenschaft,
Doch, merkt euch wohl! nicht ohne Narrheit hören.

DIREKTOR. Besonders aber lasst genug geschehn!
Man kommt zu schaun, man will am liebsten sehn.   90
Wird vieles vor den Augen abgesponnen,
So dass die Menge staunend gaffen kann,
Da habt Ihr in der Breite gleich gewonnen,
Ihr seid ein vielgeliebter Mann.
Die Masse könnt Ihr nur durch Masse zwingen,   95
Ein jeder sucht sich endlich selbst was aus.
Wer vieles bringt, wird manchem etwas bringen;
Und jeder geht zufrieden aus dem Haus.
Gebt Ihr ein Stück, so gebt es gleich in Stücken!
Solch ein Ragout es muss Euch glücken;   100
Leicht ist es vorgelegt, so leicht als ausgedacht.
Was hilft's, wenn Ihr ein Ganzes dargebracht,
Das Publikum wird es Euch doch zerpflücken.

DICHTER.
Ihr fühlet nicht, wie schlecht ein solches Handwerk sei!
Wie wenig das dem echten Künstler zieme!   105
Der saubern Herren Pfuscherei
Ist, merk ich, schon bei Euch Maxime.

DIREKTOR. Ein solcher Vorwurf lässt mich ungekränkt;
   Ein Mann, der recht zu wirken denkt,
   Muss auf das beste Werkzeug halten.   110
   Bedenkt, Ihr habt weiches Holz zu spalten,
   Und seht nur hin für wen Ihr schreibt!
   Wenn diesen Langeweile treibt,
   Kommt jener satt vom übertischten Mahle,
   Und, was das Allerschlimmste bleibt,   115
   Gar mancher kommt vom Lesen der Journale.
   Man eilt zerstreut zu uns, wie zu den Maskenfesten,
   Und Neugier nur beflügelt jeden Schritt;
   Die Damen geben sich und ihren Putz zum Besten
   Und spielen ohne Gage mit.   120
   Was träumet Ihr auf Eurer Dichter-Höhe?
   Was macht ein volles Haus Euch froh?
   Beseht die Gönner in der Nähe!
   Halb sind sie kalt, halb sind sie roh.
   Der, nach dem Schauspiel, hofft ein Kartenspiel,   125
   Der eine wilde Nacht an einer Dirne Busen.
   Was plagt ihr armen Toren viel,
   Zu solchem Zweck, die holden Musen?
   Ich sag Euch, gebt nur mehr, und immer immer mehr,
   So könnt Ihr Euch vom Ziele nie verirren,   130
   Sucht nur die Menschen zu verwirren,
   Sie zu befriedigen ist schwer – –
   Was fällt Euch an? Entzückung oder Schmerzen?
DICHTER. Geh hin und such dir einen andern Knecht!
   Der Dichter sollte wohl das höchste Recht,   135
   Das Menschenrecht, das ihm Natur vergönnt,
   Um deinetwillen freventlich verscherzen!
   Wodurch bewegt er alle Herzen?
   Wodurch besiegt er jedes Element?
   Ist es der Einklang nicht, der aus dem Busen dringt,   140
   Und in sein Herz die Welt zurücke schlingt?
   Wenn die Natur des Fadens ew'ge Länge,
   Gleichgültig drehend, auf die Spindel zwingt,
   Wenn aller Wesen unharmon'sche Menge
   Verdrießlich durcheinander klingt;   145
   Wer teilt die fließend immer gleiche Reihe
   Belebend ab, dass sie sich rhythmisch regt?
   Wer ruft das Einzelne zur allgemeinen Weihe,

Wo es in herrlichen Akkorden schlägt?
Wer lässt den Sturm zu Leidenschaften wüten?   150
Das Abendrot im ernsten Sinne glühn?
Wer schüttet alle schönen Frühlingsblüten
Auf der Geliebten Pfade hin?
Wer flicht die unbedeutend grünen Blätter
Zum Ehrenkranz Verdiensten jeder Art?   155
Wer sichert den Olymp, vereinet Götter?
Des Menschen Kraft im Dichter offenbart.

LUSTIGE PERSON.
So braucht sie denn die schönen Kräfte
Und treibt die dicht'rischen Geschäfte,
Wie man ein Liebesabenteuer treibt.   160
Zufällig naht man sich, man fühlt, man bleibt
Und nach und nach wird man verflochten;
Es wächst das Glück, dann wird es angefochten,
Man ist entzückt, nun kommt der Schmerz heran,
Und eh man sich's versieht, ist's eben ein Roman.   165
Lasst uns auch so ein Schauspiel geben!
Greift nur hinein ins volle Menschenleben!
Ein jeder lebt's, nicht vielen ist's bekannt,
Und wo ihr's packt, da ist's interessant.
In bunten Bildern wenig Klarheit,   170
Viel Irrtum und ein Fünkchen Wahrheit,
So wird der beste Trank gebraut,
Der alle Welt erquickt und auferbaut.
Dann sammelt sich der Jugend schönste Blüte
Vor eurem Spiel und lauscht der Offenbarung,   175
Dann sauget jedes zärtliche Gemüte
Aus eurem Werk sich melanchol'sche Nahrung,
Dann wird bald dies bald jenes aufgeregt,
Ein jeder sieht was er im Herzen trägt.
Noch sind sie gleich bereit zu weinen und zu lachen,   180
Sie ehren noch den Schwung, erfreuen sich am Schein;
Wer fertig ist, dem ist nichts recht zu machen;
Ein Werdender wird immer dankbar sein.

DICHTER. So gib mir auch die Zeiten wieder,
Da ich noch selbst im Werden war,   185
Da sich ein Quell gedrängter Lieder
Ununterbrochen neu gebar,
Da Nebel mir die Welt verhüllten,

Die Knospe Wunder noch versprach,
Da ich die tausend Blumen brach,   190
Die alle Täler reichlich füllten.
Ich hatte nichts und doch genug,
Den Drang nach Wahrheit und die Lust am Trug.
Gib ungebändigt jene Triebe,
Das tiefe schmerzenvolle Glück,   195
Des Hasses Kraft, die Macht der Liebe,
Gib meine Jugend mir zurück!

LUSTIGE PERSON.
Der Jugend, guter Freund, bedarfst du allenfalls,
Wenn dich in Schlachten Feinde drängen,
Wenn mit Gewalt an deinen Hals   200
Sich allerliebste Mädchen hängen,
Wenn fern des schnellen Laufes Kranz
Vom schwer erreichten Ziele winket,
Wenn nach dem heft'gen Wirbeltanz
Die Nächte schmausend man vertrinkt.   205
Doch ins bekannte Saitenspiel
Mit Mut und Anmut einzugreifen,
Nach einem selbgesteckten Ziel
Mit holdem Irren hinzuschweifen,
Das, alte Herrn, ist eure Pflicht,   210
Und wir verehren euch darum nicht minder.
Das Alter macht nicht kindisch, wie man spricht,
Es findet uns nur noch als wahre Kinder.

DIREKTOR. Der Worte sind genug gewechselt,
Lasst mich auch endlich Taten sehn;   215
Indes ihr Komplimente drechselt,
Kann etwas Nützliches geschehn.
Was hilft es viel von Stimmung reden?
Dem Zaudernden erscheint sie nie.
Gebt ihr euch einmal für Poeten,   220
So kommandiert die Poesie.
Euch ist bekannt, was wir bedürfen,
Wir wollen stark Getränke schlürfen;
Nun braut mir unverzüglich dran!
Was heute nicht geschieht, ist morgen nicht getan,   225
Und keinen Tag soll man verpassen,
Das Mögliche soll der Entschluss
Beherzt sogleich beim Schopfe fassen,

Er will es dann nicht fahren lassen,
Und wirket weiter, weil er muss.   230

Ihr wisst, auf unsern deutschen Bühnen
Probiert ein jeder was er mag;
Drum schonet mir an diesem Tag
Prospekte nicht und nicht Maschinen.
Gebraucht das groß' und kleine Himmelslicht,   235
Die Sterne dürfet Ihr verschwenden;
An Wasser, Feuer, Felsenwänden,
An Tier und Vögeln fehlt es nicht.
So schreitet in dem engen Bretterhaus
Den ganzen Kreis der Schöpfung aus,   240
Und wandelt mit bedächt'ger Schnelle
Vom Himmel durch die Welt zur Hölle.

Prolog im Himmel

DER HERR, DIE HIMMLISCHEN HEERSCHAREN,
nachher MEPHISTOPHELES.
DIE DREI ERZENGEL *treten vor.*

RAPHAEL. Die Sonne tönt nach alter Weise
In Brudersphären Wettgesang,
Und ihre vorgeschriebne Reise   245
Vollendet sie mit Donnergang.
Ihr Anblick gibt den Engeln Stärke,
Wenn keiner sie ergründen mag;
Die unbegreiflich hohen Werke
Sind herrlich wie am ersten Tag.   250
GABRIEL. Und schnell und unbegreiflich schnelle
Dreht sich umher der Erde Pracht;
Es wechselt Paradieses-Helle
Mit tiefer schauervoller Nacht;
Es schäumt das Meer in breiten Flüssen   255
Am tiefen Grund der Felsen auf,
Und Fels und Meer wird fortgerissen
In ewig schnellem Sphärenlauf.
MICHAEL. Und Stürme brausen um die Wette,
Vom Meer aufs Land, vom Land aufs Meer,   260

Und bilden wütend eine Kette
Der tiefsten Wirkung rings umher.
Da flammt ein blitzendes Verheeren
Dem Pfade vor des Donnerschlags;
Doch deine Boten, Herr, verehren   265
Das sanfte Wandeln deines Tags.
ZU DREI. Der Anblick gibt den Engeln Stärke
Da keiner dich ergründen mag,
Und alle deine hohen Werke
Sind herrlich wie am ersten Tag.   270
MEPHISTOPHELES.
Da du, o Herr, dich einmal wieder nahst
Und fragst wie alles sich bei uns befinde,
Und du mich sonst gewöhnlich gerne sahst;
So siehst du mich auch unter dem Gesinde.
Verzeih, ich kann nicht hohe Worte machen,   275
Und wenn mich auch der ganze Kreis verhöhnt;
Mein Pathos brächte dich gewiss zum Lachen,
Hättst du dir nicht das Lachen abgewöhnt.
Von Sonn' und Welten weiß ich nichts zu sagen,
Ich sehe nur wie sich die Menschen plagen.   280
Der kleine Gott der Welt bleibt stets von gleichem Schlag,
Und ist so wunderlich als wie am ersten Tag.
Ein wenig besser würd er leben,
Hättst du ihm nicht den Schein des Himmelslichts gegeben;
Er nennt's Vernunft und braucht's allein,   285
Nur tierischer als jedes Tier zu sein.
Er scheint mir, mit Verlaub von Euer Gnaden,
Wie eine der langbeinigen Zikaden,
Die immer fliegt und fliegend springt
Und gleich im Gras ihr altes Liedchen singt;   290
Und läg er nur noch immer in dem Grase!
In jeden Quark begräbt er seine Nase.
DER HERR.
Hast du mir weiter nichts zu sagen?
Kommst du nur immer anzuklagen?
Ist auf der Erde ewig dir nichts recht?   295
MEPHISTOPHELES.
Nein Herr! ich find es dort, wie immer, herzlich schlecht.
Die Menschen dauern mich in ihren Jammertagen,
Ich mag sogar die armen selbst nicht plagen.

DER HERR. Kennst du den Faust?

MEPHISTOPHELES. Den Doktor?

DER HERR. Meinen Knecht!

MEPHISTOPHELES.

Fürwahr! er dient euch auf besondre Weise. 300
Nicht irdisch ist des Toren Trank noch Speise.
Ihn treibt die Gärung in die Ferne,
Er ist sich seiner Tollheit halb bewusst;
Vom Himmel fordert er die schönsten Sterne,
Und von der Erde jede höchste Lust, 305
Und alle Näh und alle Ferne
Befriedigt nicht die tiefbewegte Brust.

DER HERR. Wenn er mir jetzt auch nur verworren dient;
So werd ich ihn bald in die Klarheit führen.
Weiß doch der Gärtner, wenn das Bäumchen grünt, 310
Dass Blüt und Frucht die künft'gen Jahre zieren.

MEPHISTOPHELES.

Was wettet Ihr? den sollt Ihr noch verlieren,
Wenn Ihr mir die Erlaubnis gebt
Ihn meine Straße sacht zu führen!

DER HERR. So lang er auf der Erde lebt, 315
So lange sei dir's nicht verboten.
Es irrt der Mensch so lang er strebt.

MEPHISTOPHELES.

Da dank ich Euch; denn mit den Toten
Hab ich mich niemals gern befangen.
Am meisten lieb ich mir die vollen frischen Wangen. 320
Für einen Leichnam bin ich nicht zu Haus;
Mir geht es wie der Katze mit der Maus.

DER HERR. Nun gut, es sei dir überlassen!
Zieh diesen Geist von seinem Urquell ab,
Und führ ihn, kannst du ihn erfassen, 325
Auf deinem Wege mit herab,
Und steh beschämt, wenn du bekennen musst:
Ein guter Mensch in seinem dunkeln Drange
Ist sich des rechten Weges wohl bewusst.

MEPHISTOPHELES.

Schon gut! nur dauert es nicht lange. 330
Mir ist für meine Wette gar nicht bange.
Wenn ich zu meinem Zweck gelange,
Erlaubt Ihr mir Triumph aus voller Brust.

Staub soll er fressen, und mit Lust,
Wie meine Muhme, die berühmte Schlange.   335
DER HERR. Du darfst auch da nur frei erscheinen;
Ich habe deinesgleichen nie gehasst.
Von allen Geistern die verneinen
Ist mir der Schalk am wenigsten zur Last.
Des Menschen Tätigkeit kann allzu leicht erschlaffen,   340
Er liebt sich bald die unbedingte Ruh;
Drum geb ich gern ihm den Gesellen zu,
Der reizt und wirkt, und muss, als Teufel, schaffen.
Doch ihr, die echten Göttersöhne,
Erfreut euch der lebendig reichen Schöne!   345
Das Werdende, das ewig wirkt und lebt,
Umfass' euch mit der Liebe holden Schranken,
Und was in schwankender Erscheinung schwebt,
Befestiget mit dauernden Gedanken.
(Der Himmel schließt, die Erzengel verteilen sich.)
MEPHISTOPHELES *(allein).*
Von Zeit zu Zeit seh ich den Alten gern,   350
Und hüte mich mit ihm zu brechen.
Es ist gar hübsch von einem großen Herrn,
So menschlich mit dem Teufel selbst zu sprechen.

Der Tragödie Erster Teil

Nacht

In einem hochgewölbten, engen, gotischen Zimmer

FAUST *unruhig auf seinem Sessel am Pulte.*

FAUST. Habe nun, ach! Philosophie,
Juristerei und Medizin, 355
Und leider auch Theologie!
Durchaus studiert, mit heißem Bemühn.
Da steh ich nun, ich armer Tor!
Und bin so klug als wie zuvor;
Heiße Magister, heiße Doktor gar, 360
Und ziehe schon an die zehen Jahr,
Herauf, herab und quer und krumm,
Meine Schüler an der Nase herum –
Und sehe, dass wir nichts wissen können!
Das will mir schier das Herz verbrennen. 365
Zwar bin ich gescheiter als alle die Laffen,
Doktoren, Magister, Schreiber und Pfaffen;
Mich plagen keine Skrupel noch Zweifel,
Fürchte mich weder vor Hölle noch Teufel –
Dafür ist mir auch alle Freud entrissen, 370
Bilde mir nicht ein was Rechts zu wissen,
Bilde mir nicht ein ich könnte was lehren
Die Menschen zu bessern und zu bekehren.
Auch hab ich weder Gut noch Geld,
Noch Ehr und Herrlichkeit der Welt; 375
Es möchte kein Hund so länger leben!
Drum hab ich mich der Magie ergeben,
Ob mir, durch Geistes Kraft und Mund,
Nicht manch Geheimnis würde kund;
Dass ich nicht mehr, mit sauerm Schweiß, 380
Zu sagen brauche was ich nicht weiß;
Dass ich erkenne was die Welt
Im Innersten zusammenhält,
Schau alle Wirkenskraft und Samen,
Und tu nicht mehr in Worten kramen. 385

O sähst du, voller Mondenschein,
Zum letzten Mal auf meine Pein,
Den ich so manche Mitternacht
An diesem Pult herangewacht:
Dann, über Büchern und Papier,   390
Trübsel'ger Freund, erschienst du mir!
Ach! könnt ich doch auf Bergeshöhn,
In deinem lieben Lichte gehn,
Um Bergeshöhle mit Geistern schweben,
Auf Wiesen in deinem Dämmer weben,   395
Von allem Wissensqualm entladen
In deinem Tau gesund mich baden!

Weh! steck ich in dem Kerker noch?
Verfluchtes dumpfes Mauerloch!
Wo selbst das liebe Himmelslicht   400
Trüb durch gemalte Scheiben bricht!
Beschränkt von diesem Bücherhauf,
Den Würme nagen, Staub bedeckt,
Den, bis ans hohe Gewölb hinauf,
Ein angeraucht Papier umsteckt;   405
Mit Gläsern, Büchsen rings umstellt,
Mit Instrumenten vollgepfropft,
Urväter Hausrat drein gestopft –
Das ist deine Welt! das heißt eine Welt!

Und fragst du noch, warum dein Herz   410
Sich bang in deinem Busen klemmt?
Warum ein unerklärter Schmerz
Dir alle Lebensregung hemmt?
Statt der lebendigen Natur,
Da Gott die Menschen schuf hinein,   415
Umgibt in Rauch und Moder nur
Dich Tiergeripp und Totenbein.

Flieh! Auf! Hinaus ins weite Land!
Und dies geheimnisvolle Buch,
Von Nostradamus' eigner Hand,
Ist dir es nicht Geleit genug?   420
Erkennest dann der Sterne Lauf,
Und wenn Natur dich unterweist,
Dann geht die Seelenkraft dir auf,

Wie spricht ein Geist zum andern Geist. 425
Umsonst, dass trocknes Sinnen hier
Die heil'gen Zeichen dir erklärt.
Ihr schwebt, ihr Geister, neben mir;
Antwortet mir, wenn ihr mich hört!
(Er schlägt das Buch auf und erblickt das Zeichen des
Makrokosmus.)
Ha! welche Wonne fließt in diesem Blick 430
Auf einmal mir durch alle meine Sinnen!
Ich fühle junges heil'ges Lebensglück
Neuglühend mir durch Nerv' und Adern rinnen.
War es ein Gott, der diese Zeichen schrieb,
Die mir das innre Toben stillen, 435
Das arme Herz mit Freude füllen,
Und mit geheimnisvollem Trieb,
Die Kräfte der Natur rings um mich her enthüllen?
Bin ich ein Gott? Mir wird so licht!
Ich schau in diesen reinen Zügen 440
Die wirkende Natur vor meiner Seele liegen.
Jetzt erst erkenn ich was der Weise spricht:
»Die Geisterwelt ist nicht verschlossen;
Dein Sinn ist zu, dein Herz ist tot!
Auf, bade, Schüler, unverdrossen 445
Die ird'sche Brust im Morgenrot!«
(Er beschaut das Zeichen.)
Wie alles sich zum Ganzen webt,
Eins in dem andern wirkt und lebt!
Wie Himmelskräfte auf und nieder steigen
Und sich die goldnen Eimer reichen! 450
Mit segenduftenden Schwingen
Vom Himmel durch die Erde dringen,
Harmonisch all' das All durchklingen!

Welch Schauspiel! aber ach! ein Schauspiel nur!
Wo fass ich dich, unendliche Natur? 455
Euch Brüste, wo? Ihr Quellen alles Lebens,
An denen Himmel und Erde hängt,
Dahin die welke Brust sich drängt –
Ihr quellt, ihr tränkt, und schmacht ich so vergebens?
(Er schlägt unwillig das Buch um, und erblickt das Zeichen
des Erdgeistes.)

Wie anders wirkt dies Zeichen auf mich ein!   460
Du, Geist der Erde, bist mir näher;
Schon fühl ich meine Kräfte höher,
Schon glüh ich wie von neuem Wein,
Ich fühle Mut mich in die Welt zu wagen,
Der Erde Weh, der Erde Glück zu tragen,   465
Mit Stürmen mich herumzuschlagen,
Und in des Schiffbruchs Knirschen nicht zu zagen,
Es wölkt sich über mir –
Der Mond verbirgt sein Licht –
Die Lampe schwindet!   470
Es dampft! – Es zucken rote Strahlen
Mir um das Haupt – Es weht
Ein Schauer vom Gewölb herab
Und fasst mich an!
Ich fühl's, du schwebst um mich, erflehter Geist.   475
Enthülle dich!
Ha! wie's in meinem Herzen reißt!
Zu neuen Gefühlen
All meine Sinnen sich erwühlen!
Ich fühle ganz mein Herz dir hingegeben!   480
Du musst! du musst! und kostet' es mein Leben!
(Er fasst das Buch und spricht das Zeichen des Geistes ge-
heimnisvoll aus. Es zuckt eine rötliche Flamme, DER GEIST
erscheint in der Flamme.)
GEIST. Wer ruft mir?
FAUST *(abgewendet).*   Schreckliches Gesicht!
GEIST. Du hast mich mächtig angezogen,
   An meiner Sphäre lang gesogen,
   Und nun –
FAUST.   Weh! ich ertrag dich nicht!   485
GEIST. Du flehst eratmend mich zu schauen,
   Meine Stimme zu hören, mein Antlitz zu sehn;
   Mich neigt dein mächtig Seelenflehn,
   Da bin ich! – Welch erbärmlich Grauen
   Fasst Übermenschen dich! Wo ist der Seele Ruf?   490
   Wo ist die Brust, die eine Welt in sich erschuf,
   Und trug und hegte, die mit Freudebeben
   Erschwoll, sich uns, den Geistern, gleich zu heben?
   Wo bist du, Faust, des Stimme mir erklang,
   Der sich an mich mit allen Kräften drang?   495

Bist Du es? der, von meinem Hauch umwittert,
In allen Lebenstiefen zittert,
Ein furchtsam weggekrümmter Wurm!
FAUST. Soll ich dir, Flammenbildung, weichen?
Ich bin's, bin Faust, bin deinesgleichen!   500
GEIST. In Lebensfluten, im Tatensturm
Wall ich auf und ab,
Webe hin und her!
Geburt und Grab,
Ein ewiges Meer,   505
Ein wechselnd Weben,
Ein glühend Leben,
So schaff ich am sausenden Webstuhl der Zeit,
Und wirke der Gottheit lebendiges Kleid.
FAUST. Der du die weite Welt umschweifst,   510
Geschäftiger Geist, wie nah fühl ich mich dir!
GEIST. Du gleichst dem Geist den du begreifst,
Nicht mir! *(Verschwindet.)*
FAUST *(zusammenstürzend).*
Nicht dir?
Wem denn?   515
Ich Ebenbild der Gottheit!
Und nicht einmal dir!
(Es klopft.)
O Tod! ich kenn's – das ist mein Famulus –
Es wird mein schönstes Glück zunichte!
Dass diese Fülle der Gesichte   520
Der trockne Schleicher stören muss!

WAGNER *im Schlafrocke und der Nachtmütze, eine Lampe
in der Hand.* FAUST *wendet sich unwillig.*

WAGNER. Verzeiht! ich hör Euch deklamieren;
Ihr last gewiss ein griechisch Trauerspiel?
In dieser Kunst möcht ich was profitieren,
Denn heutzutage wirkt das viel.   525
Ich hab es öfters rühmen hören,
Ein Komödiant könnt einen Pfarrer lehren.
FAUST. Ja, wenn der Pfarrer ein Komödiant ist;
Wie das denn wohl zuzeiten kommen mag.

WAGNER. Ach! wenn man so in sein Museum gebannt ist,   530
    Und sieht die Welt kaum einen Feiertag,
    Kaum durch ein Fernglas, nur von weiten,
    Wie soll man sie durch Überredung leiten?
FAUST. Wenn ihr's nicht fühlt, ihr werdet's nicht erjagen,
    Wenn es nicht aus der Seele dringt,   535
    Und mit urkräftigem Behagen
    Die Herzen aller Hörer zwingt.
    Sitzt ihr nur immer! Leimt zusammen,
    Braut ein Ragout von andrer Schmaus,
    Und blast die kümmerlichen Flammen   540
    Aus eurem Aschenhäufchen raus!
    Bewundrung von Kindern und Affen,
    Wenn euch darnach der Gaumen steht;
    Doch werdet ihr nie Herz zu Herzen schaffen,
    Wenn es euch nicht von Herzen geht.   545
WAGNER.
    Allein der Vortrag macht des Redners Glück;
    Ich fühl es wohl noch bin ich weit zurück.
FAUST. Such' Er den redlichen Gewinn!
    Sei Er kein schellenlauter Tor!
    Es trägt Verstand und rechter Sinn   550
    Mit wenig Kunst sich selber vor;
    Und wenn's euch ernst ist was zu sagen,
    Ist's nötig Worten nachzujagen?
    Ja, eure Reden, die so blinkend sind,
    In denen ihr der Menschheit Schnitzel kräuselt,   555
    Sind unerquicklich wie der Nebelwind,
    Der herbstlich durch die dürren Blätter säuselt!
WAGNER. Ach Gott! die Kunst ist lang!
    Und kurz ist unser Leben.
    Mir wird, bei meinem kritischen Bestreben,   560
    Doch oft um Kopf und Busen bang.
    Wie schwer sind nicht die Mittel zu erwerben,
    Durch die man zu den Quellen steigt!
    Und eh man nur den halben Weg erreicht,
    Muss wohl ein armer Teufel sterben.   565
FAUST. Das Pergament ist das der heil'ge Bronnen,
    Woraus ein Trunk den Durst auf ewig stillt?
    Erquickung hast du nicht gewonnen,
    Wenn sie dir nicht aus eigner Seele quillt.

WAGNER. Verzeiht! es ist ein groß Ergetzen   570
  Sich in den Geist der Zeiten zu versetzen,
  Zu schauen wie vor uns ein weiser Mann gedacht,
  Und wie wir's dann zuletzt so herrlich weit gebracht.
FAUST. O ja, bis an die Sterne weit!
  Mein Freund, die Zeiten der Vergangenheit   575
  Sind uns ein Buch mit sieben Siegeln;
  Was ihr den Geist der Zeiten heißt,
  Das ist im Grund der Herren eigner Geist,
  In dem die Zeiten sich bespiegeln.
  Da ist's denn wahrlich oft ein Jammer!   580
  Man läuft euch bei dem ersten Blick davon.
  Ein Kehrichtfass und eine Rumpelkammer,
  Und höchstens eine Haupt- und Staatsaktion,
  Mit trefflichen pragmatischen Maximen,
  Wie sie den Puppen wohl im Munde ziemen!   585
WAGNER.
  Allein die Welt! des Menschen Herz und Geist!
  Möcht jeglicher doch was davon erkennen.
FAUST. Ja was man so erkennen heißt!
  Wer darf das Kind beim rechten Namen nennen?
  Die wenigen, die was davon erkannt,   590
  Die töricht g'nug ihr volles Herz nicht wahrten,
  Dem Pöbel ihr Gefühl, ihr Schauen offenbarten,
  Hat man von je gekreuzigt und verbrannt.
  Ich bitt Euch, Freund, es ist tief in der Nacht,
  Wir müssen's diesmal unterbrechen.   595
WAGNER. Ich hätte gern nur immer fortgewacht,
  Um so gelehrt mit Euch mich zu besprechen.
  Doch morgen, als am ersten Ostertage,
  Erlaubt mir ein' und andre Frage.
  Mit Eifer hab ich mich der Studien beflissen;   600
  Zwar weiß ich viel, doch möcht ich alles wissen. *(Ab.)*

FAUST *(allein).*
  Wie nur dem Kopf nicht alle Hoffnung schwindet,
  Der immerfort an schalem Zeuge klebt,
  Mit gier'ger Hand nach Schätzen gräbt,
  Und froh ist wenn er Regenwürmer findet!   605

  Darf eine solche Menschenstimme hier,
  Wo Geisterfülle mich umgab, ertönen?

Doch ach! für diesmal dank ich dir,
Dem ärmlichsten von allen Erdensöhnen.
Du rissest mich von der Verzweiflung los,   610
Die mir die Sinne schon zerstören wollte.
Ach! die Erscheinung war so riesengroß,
Dass ich mich recht als Zwerg empfinden sollte.

Ich, Ebenbild der Gottheit, das sich schon
Ganz nah gedünkt dem Spiegel ew'ger Wahrheit,   615
Sein selbst genoss in Himmelsglanz und Klarheit,
Und abgestreift den Erdensohn;
Ich, mehr als Cherub, dessen freie Kraft
Schon durch die Adern der Natur zu fließen
Und schaffend, Götterleben zu genießen   620
Sich ahnungsvoll vermaß, wie muss ich's büßen!
Ein Donnerwort hat mich hinweggerafft.

Nicht darf ich dir zu gleichen mich vermessen.
Hab ich die Kraft dich anzuziehn besessen;
So hatt ich dich zu halten keine Kraft.   625
In jenem sel'gen Augenblicke
Ich fühlte mich so klein, so groß;
Du stießest grausam mich zurücke,
Ins ungewisse Menschenlos.
Wer lehret mich? was soll ich meiden?   630
Soll ich gehorchen jenem Drang?
Ach! unsre Taten selbst, so gut als unsre Leiden,
Sie hemmen unsres Lebens Gang.

Dem Herrlichsten, was auch der Geist empfangen,
Drängt immer fremd und fremder Stoff sich an;   635
Wenn wir zum Guten dieser Welt gelangen,
Dann heißt das Bessre Trug und Wahn.
Die uns das Leben gaben, herrliche Gefühle
Erstarren in dem irdischen Gewühle.

Wenn Phantasie sich sonst, mit kühnem Flug,   640
Und hoffnungsvoll zum Ewigen erweitert,
So ist ein kleiner Raum ihr nun genug,
Wenn Glück auf Glück im Zeitenstrudel scheitert.
Die Sorge nistet gleich im tiefen Herzen,
Dort wirket sie geheime Schmerzen,   645
Unruhig wiegt sie sich und störet Lust und Ruh;

Sie deckt sich stets mit neuen Masken zu,
Sie mag als Haus und Hof, als Weib und Kind erscheinen,
Als Feuer, Wasser, Dolch und Gift;
Du bebst vor allem was nicht trifft,   650
Und was du nie verlierst das musst du stets beweinen.

Den Göttern gleich ich nicht! Zu tief ist es gefühlt;
Dem Wurme gleich ich, der den Staub durchwühlt;
Den, wie er sich im Staube nährend lebt,
Des Wandrers Tritt vernichtet und begräbt.   655

Ist es nicht Staub was diese hohe Wand,
Aus hundert Fächern, mir verenget;
Der Trödel, der mit tausendfachem Tand,
In dieser Mottenwelt mich drängt?
Hier soll ich finden was mir fehlt?   660
Soll ich vielleicht in tausend Büchern lesen,
Dass überall die Menschen sich gequält,
Dass hie und da ein Glücklicher gewesen? –
Was grinsest du mir hohler Schädel her?
Als dass dein Hirn, wie meines, einst verwirret,   665
Den leichten Tag gesucht und in der Dämmrung schwer,
Mit Lust nach Wahrheit, jämmerlich geirret.
Ihr Instrumente freilich, spottet mein,
Mit Rad und Kämmen, Walz' und Bügel.
Ich stand am Tor, ihr solltet Schlüssel sein;   670
Zwar euer Bart ist kraus, doch hebt ihr nicht die Riegel.
Geheimnisvoll am lichten Tag
Lässt sich Natur des Schleiers nicht berauben,
Und was sie deinem Geist nicht offenbaren mag,
Das zwingst du ihr nicht ab mit Hebeln und mit
                                          Schrauben.   675
Du alt Geräte das ich nicht gebraucht,
Du stehst nur hier, weil dich mein Vater brauchte.
Du alte Rolle, du wirst angeraucht,
So lang an diesem Pult die trübe Lampe schmauchte.
Weit besser hätt ich doch mein Weniges verprasst,   680
Als mit dem Wenigen belastet hier zu schwitzen!
Was du ererbt von deinen Vätern hast
Erwirb es um es zu besitzen.
Was man nicht nützt ist eine schwere Last;
Nur was der Augenblick erschafft das kann er nützen.   685

Doch warum heftet sich mein Blick auf jene Stelle?
Ist jenes Fläschchen dort den Augen ein Magnet?
Warum wird mir auf einmal lieblich helle,
Als wenn im nächt'gen Wald uns Mondenglanz umweht?

Ich grüße dich, du einzige Phiole!   690
Die ich mit Andacht nun herunterhole,
In dir verehr ich Menschenwitz und Kunst.
Du Inbegriff der holden Schlummersäfte,
Du Auszug aller tödlich feinen Kräfte,
Erweise deinem Meister deine Gunst!   695
Ich sehe dich, es wird der Schmerz gelindert,
Ich fasse dich, das Streben wird gemindert,
Des Geistes Flutstrom ebbet nach und nach.
Ins hohe Meer werd ich hinausgewiesen,
Die Spiegelflut erglänzt zu meinen Füßen,   700
Zu neuen Ufern lockt ein neuer Tag,

Ein Feuerwagen schwebt, auf leichten Schwingen,
An mich heran! Ich fühle mich bereit
Auf neuer Bahn den Äther zu durchdringen,
Zu neuen Sphären reiner Tätigkeit.   705
Dies hohe Leben, diese Götterwonne!
Du, erst noch Wurm, und die verdienest du?
Ja, kehre nur der holden Erdensonne
Entschlossen deinen Rücken zu!
Vermesse dich die Pforten aufzureißen,   710
Vor denen jeder gern vorüberschleicht.
Hier ist es Zeit durch Taten zu beweisen,
Dass Manneswürde nicht der Götterhöhe weicht,
Vor jener dunkeln Höhle nicht zu beben,
In der sich Phantasie zu eigner Qual verdammt,   715
Nach jenem Durchgang hinzustreben,
Um dessen engen Mund die ganze Hölle flammt;
Zu diesem Schritt sich heiter zu entschließen
Und, wär es mit Gefahr, ins Nichts dahin zu fließen.

Nun komm herab, kristallne reine Schale!   720
Hervor aus deinem alten Futterale,
An die ich viele Jahre nicht gedacht.
Du glänztest bei der Väter Freudenfeste,
Erheitertest die ernsten Gäste,

Wenn einer dich dem andern zugebracht. 725
Der vielen Bilder künstlich reiche Pracht,
Des Trinkers Pflicht, sie reimweis zu erklären,
Auf Einen Zug die Höhlung auszuleeren,
Erinnert mich an manche Jugend-Nacht;
Ich werde jetzt dich keinem Nachbar reichen, 730
Ich werde meinen Witz an deiner Kunst nicht zeigen;
Hier ist ein Saft, der eilig trunken macht.
Mit brauner Flut erfüllt er deine Höhle.
Den ich bereitet, den ich wähle,
Der letzte Trunk sei nun, mit ganzer Seele, 735
Als festlich hoher Gruß, dem Morgen zugebracht!
(Er setzt die Schale an den Mund.)

Glockenklang und Chorgesang

CHOR DER ENGEL. Christ ist erstanden!
    Freude dem Sterblichen,
    Den die verderblichen,
    Schleichenden, erblichen 740
    Mängel umwanden.
FAUST. Welch tiefes Summen, welch ein heller Ton,
    Zieht mit Gewalt das Glas von meinem Munde?
    Verkündiget ihr dumpfen Glocken schon
    Des Osterfestes erste Feierstunde? 745
    Ihr Chöre singt ihr schon den tröstlichen Gesang
    Der einst, um Grabes Nacht, von Engelslippen klang,
    Gewissheit einem neuen Bunde?
CHOR DER WEIBER. Mit Spezereien
    Hatten wir ihn gepflegt, 750
    Wir seine Treuen
    Hatten ihn hingelegt;
    Tücher und Binden
    Reinlich umwanden wir,
    Ach! und wir finden 755
    Christ nicht mehr hier.
CHOR DER ENGEL. Christ ist erstanden!
    Selig der Liebende,
    Der die betrübende,
    Heilsam' und übende 760
    Prüfung bestanden.

FAUST. Was sucht ihr, mächtig und gelind,
   Ihr Himmelstöne, mich am Staube?
   Klingt dort umher, wo weiche Menschen sind.
   Die Botschaft hör ich wohl, allein mir fehlt der Glaube;   765
   Das Wunder ist des Glaubens liebstes Kind.
   Zu jenen Sphären wag ich nicht zu streben,
   Woher die holde Nachricht tönt;
   Und doch, an diesen Klang von Jugend auf gewöhnt,
   Ruft er auch jetzt zurück mich in das Leben.   770
   Sonst stürzte sich der Himmels-Liebe Kuss
   Auf mich herab, in ernster Sabbatstille;
   Da klang so ahnungsvoll des Glockentones Fülle,
   Und ein Gebet war brünstiger Genuss;
   Ein unbegreiflich holdes Sehnen   775
   Trieb mich durch Wald und Wiesen hinzugehn,
   Und unter tausend heißen Tränen,
   Fühlt ich mir eine Welt entstehn.
   Dies Lied verkündete der Jugend muntre Spiele,
   Der Frühlingsfeier freies Glück;   780
   Erinnrung hält mich nun, mit kindlichem Gefühle,
   Vom letzten, ernsten Schritt zurück.
   O tönet fort ihr süßen Himmelslieder!
   Die Träne quillt, die Erde hat mich wieder!
CHOR DER JÜNGER. Hat der Begrabene   785
        Schon sich nach oben,
        Lebend Erhabene,
        Herrlich erhoben;
        Ist er in Werdelust
        Schaffender Freude nah;   790
        Ach! an der Erde Brust,
        Sind wir zum Leide da.
        Ließ er die Seinen
        Schmachtend uns hier zurück;
        Ach! wir beweinen   795
        Meister dein Glück!
CHOR DER ENGEL. Christ ist erstanden,
        Aus der Verwesung Schoß.
        Reißet von Banden
        Freudig euch los!   800
        Tätig ihn Preisenden,
        Liebe Beweisenden,

Brüderlich Speisenden,
Predigend Reisenden,
Wonne Verheißenden   805
Euch ist der Meister nah,
Euch ist er da!

Vor dem Tor

SPAZIERGÄNGER *aller Art ziehen hinaus.*

EINIGE HANDWERKSBURSCHE. Warum denn dort hinaus?
ANDRE. Wir gehn hinaus aufs Jägerhaus.
DIE ERSTEN. Wir aber wollen nach der Mühle wandern.   810
EIN HANDWERKSBURSCH.
   Ich rat euch nach dem Wasserhof zu gehn.
ZWEITER. Der Weg dahin ist gar nicht schön.
DIE ZWEITEN. Was tust denn du?
EIN DRITTER.   Ich gehe mit den andern.
VIERTER.
   Nach Burgdorf kommt herauf, gewiss dort findet ihr
   Die schönsten Mädchen und das beste Bier,   815
   Und Händel von der ersten Sorte.
FÜNFTER. Du überlustiger Gesell,
   Juckt dich zum dritten Mal das Fell?
   Ich mag nicht hin, mir graut es vor dem Orte.
DIENSTMÄDCHEN.
   Nein, nein! ich gehe nach der Stadt zurück.   820
ANDRE. Wir finden ihn gewiss bei jenen Pappeln stehen.
ERSTE. Das ist für mich kein großes Glück;
   Er wird an deiner Seite gehen,
   Mit dir nur tanzt er auf dem Plan.
   Was gehn mich deine Freuden an!   825
ANDRE. Heut ist er sicher nicht allein,
   Der Krauskopf, sagt er, würde bei ihm sein.
SCHÜLER. Blitz, wie die wackern Dirnen schreiten!
   Herr Bruder komm! wir müssen sie begleiten.
   Ein starkes Bier, ein beizender Toback,   830
   Und eine Magd im Putz das ist nun mein Geschmack.
BÜRGERMÄDCHEN. Da sieh mir nur die schönen Knaben!
   Es ist wahrhaftig eine Schmach;

Gesellschaft könnten sie die allerbeste haben,
Und laufen diesen Mägden nach! 835
ZWEITER SCHÜLER *(zum ersten).*
Nicht so geschwind! dort hinten kommen zwei,
Sie sind gar niedlich angezogen,
's ist meine Nachbarin dabei;
Ich bin dem Mädchen sehr gewogen.
Sie gehen ihren stillen Schritt 840
Und nehmen uns doch auch am Ende mit.
ERSTER. Herr Bruder nein! Ich bin nicht gern geniert.
Geschwind! dass wir das Wildbret nicht verlieren.
Die Hand, die samstags ihren Besen führt,
Wird sonntags dich am besten karessieren. 845
BÜRGER. Nein, er gefällt mir nicht der neue Burgemeister!
Nun, da er's ist, wird er nur täglich dreister.
Und für die Stadt was tut denn er?
Wird es nicht alle Tage schlimmer?
Gehorchen soll man mehr als immer, 850
Und zahlen mehr als je vorher.
BETTLER *(singt).* Ihr guten Herrn, ihr schönen Frauen,
So wohlgeputzt und backenrot,
Belieb' es euch mich anzuschauen,
Und seht und mildert meine Not! 855
Lasst hier mich nicht vergebens leiern!
Nur der ist froh, der geben mag.
Ein Tag den alle Menschen feiern,
Er sei für mich ein Erntetag.
ANDRER BÜRGER.
Nichts Bessers weiß ich mir an Sonn- und Feiertagen, 860
Als ein Gespräch von Krieg und Kriegsgeschrei,
Wenn hinten, weit, in der Türkei,
Die Völker aufeinander schlagen.
Man steht am Fenster, trinkt sein Gläschen aus
Und sieht den Fluss hinab die bunten Schiffe gleiten; 865
Dann kehrt man abends froh nach Haus,
Und segnet Fried und Friedenszeiten.
DRITTER BÜRGER.
Herr Nachbar, ja! so lass ich's auch geschehn,
Sie mögen sich die Köpfe spalten,
Mag alles durcheinander gehn; 870
Doch nur zu Hause bleib's beim Alten.

ALTE *(zu den Bürgermädchen)*.
  Ei! wie geputzt! das schöne junge Blut!
  Wer soll sich nicht in euch vergaffen? –
  Nur nicht so stolz! Es ist schon gut!
  Und was ihr wünscht das wüsst ich wohl zu schaffen.   875
BÜRGERMÄDCHEN. Agathe fort! ich nehme mich in Acht
  Mit solchen Hexen öffentlich zu gehen;
  Sie ließ mich zwar, in Sankt Andreas' Nacht,
  Den künft'gen Liebsten leiblich sehen.
DIE ANDRE. Mir zeigte sie ihn im Kristall,   880
  Soldatenhaft, mit mehreren Verwegnen;
  Ich seh mich um, ich such ihn überall,
  Allein mir will er nicht begegnen.
SOLDATEN.   Burgen mit hohen
       Mauern und Zinnen,   885
       Mädchen mit stolzen
       Höhnenden Sinnen
       Möcht ich gewinnen!
       Kühn ist das Mühen,
       Herrlich der Lohn!   890

       Und die Trompete
       Lassen wir werben,
       Wie zu der Freude,
       So zum Verderben.
       Das ist ein Stürmen!   895
       Das ist ein Leben!
       Mädchen und Burgen
       Müssen sich geben.
       Kühn ist das Mühen,
       Herrlich der Lohn!   900
       Und die Soldaten
       Ziehen davon.

FAUST *und* WAGNER.

FAUST. Vom Eise befreit sind Strom und Bäche
  Durch des Frühlings holden, belebenden Blick;
  Im Tale grünet Hoffnungs-Glück;   905
  Der alte Winter, in seiner Schwäche,
  Zog sich in raue Berge zurück.
  Von dorther sendet er, fliehend, nur

Ohnmächtige Schauer körnigen Eises
In Streifen über die grünende Flur; 910
Aber die Sonne duldet kein Weißes,
Überall regt sich Bildung und Streben,
Alles will sie mit Farben beleben;
Doch an Blumen fehlt's im Revier,
Sie nimmt geputzte Menschen dafür. 915
Kehre dich um, von diesen Höhen
Nach der Stadt zurück zu sehen.
Aus dem hohlen finstern Tor
Dringt ein buntes Gewimmel hervor.
Jeder sonnt sich heute so gern. 920
Sie feiern die Auferstehung des Herrn,
Denn sie sind selber auferstanden,
Aus niedriger Häuser dumpfen Gemächern,
Aus Handwerks- und Gewerbes-Banden,
Aus dem Druck von Giebeln und Dächern, 925
Aus der Straßen quetschender Enge,
Aus der Kirchen ehrwürdiger Nacht
Sind sie alle ans Licht gebracht.
Sieh nur sieh! wie behend sich die Menge
Durch die Gärten und Felder zerschlägt, 930
Wie der Fluss, in Breit und Länge,
So manchen lustigen Nachen bewegt,
Und, bis zum Sinken überladen,
Entfernt sich dieser letzte Kahn.
Selbst von des Berges fernen Pfaden 935
Blinken uns farbige Kleider an.
Ich höre schon des Dorfs Getümmel,
Hier ist des Volkes wahrer Himmel,
Zufrieden jauchzet Groß und Klein:
Hier bin ich Mensch, hier darf ich's sein. 940

WAGNER. Mit Euch, Herr Doktor, zu spazieren
Ist ehrenvoll und ist Gewinn;
Doch würd ich nicht allein mich her verlieren,
Weil ich ein Feind von allem Rohen bin.
Das Fiedeln, Schreien, Kegelschieben, 945
Ist mir ein gar verhasster Klang;
Sie toben wie vom bösen Geist getrieben
Und nennen's Freude, nennen's Gesang.

BAUERN *unter der Linde.*

Tanz und Gesang.

Der Schäfer putzte sich zum Tanz,
Mit bunter Jacke, Band und Kranz,   950
Schmuck war er angezogen.
Schon um die Linde war es voll.
Und alles tanzte schon wie toll.
Juchhe! Juchhe!
Juchheisa! Heisa! He!   955
So ging der Fiedelbogen.

Er drückte hastig sich heran,
Da stieß er an ein Mädchen an
Mit seinem Ellenbogen;
Die frische Dirne kehrt sich um   960
Und sagte: nun das find ich dumm!
Juchhe! Juchhe!
Juchheisa! Heisa! He!
Seid nicht so ungezogen.

Doch hurtig in dem Kreise ging's,   965
Sie tanzten rechts, sie tanzten links
Und alle Röcke flogen.
Sie wurden rot, sie wurden warm
Und ruhten atmend Arm in Arm,
Juchhe! Juchhe!   970
Juchheisa! Heisa! He!
Und Hüft an Ellenbogen.

Und tu mir doch nicht so vertraut!
Wie mancher hat nicht seine Braut
Belogen und betrogen!   975
Er schmeichelte sie doch beiseit
Und von der Linde scholl es weit:
Juchhe! Juchhe!
Juchheisa! Heisa! He!
Geschrei und Fiedelbogen.   980

ALTER BAUER. Herr Doktor, das ist schön von Euch,
Dass Ihr uns heute nicht verschmäht,
Und unter dieses Volksgedräng,
Als ein so Hochgelahrter, geht.
So nehmet auch den schönsten Krug,   985

Den wir mit frischem Trunk gefüllt,
Ich bring ihn zu und wünsche laut,
Dass er nicht nur den Durst Euch stillt;
Die Zahl der Tropfen, die er hegt,
Sei Euren Tagen zugelegt. 990
FAUST. Ich nehme den Erquickungs-Trank,
Erwidr' euch allen Heil und Dank.

DAS VOLK *sammelt sich im Kreis umher.*

ALTER BAUER. Fürwahr es ist sehr wohl getan,
Dass Ihr am frohen Tag erscheint;
Habt Ihr es vormals doch mit uns 995
An bösen Tagen gut gemeint!
Gar mancher steht lebendig hier,
Den Euer Vater noch zuletzt
Der heißen Fieberwut entriss,
Als er der Seuche Ziel gesetzt. 1000
Auch damals Ihr, ein junger Mann,
Ihr gingt in jedes Krankenhaus,
Gar manche Leiche trug man fort,
Ihr aber kamt gesund heraus.
Bestandet manche harte Proben; 1005
Dem Helfer half der Helfer droben.
ALLE. Gesundheit dem bewährten Mann,
Dass er noch lange helfen kann!
FAUST. Vor jenem droben steht gebückt,
Der helfen lehrt und Hülfe schickt. 1010
(Er geht mit Wagnern weiter.)
WAGNER. Welch ein Gefühl musst du, o großer Mann!
Bei der Verehrung dieser Menge haben!
O! glücklich! wer von seinen Gaben
Solch einen Vorteil ziehen kann.
Der Vater zeigt dich seinem Knaben, 1015
Ein jeder fragt und drängt und eilt,
Die Fiedel stockt, der Tänzer weilt.
Du gehst, in Reihen stehen sie,
Die Mützen fliegen in die Höh:
Und wenig fehlt, so beugten sich die Knie, 1020
Als käm das Venerabile.
FAUST. Nur wenig Schritte noch hinauf zu jenem Stein,
Hier wollen wir von unsrer Wandrung rasten.

Hier saß ich oft gedankenvoll allein
Und quälte mich mit Beten und mit Fasten.   1025
An Hoffnung reich, im Glauben fest,
Mit Tränen, Seufzen, Händeringen
Dacht ich das Ende jener Pest
Vom Herrn des Himmels zu erzwingen.
Der Menge Beifall tönt mir nun wie Hohn.   1030
O könntest du in meinem Innern lesen,
Wie wenig Vater und Sohn
Solch eines Ruhmes wert gewesen!
Mein Vater war ein dunkler Ehrenmann,
Der über die Natur und ihre heil'gen Kreise,   1035
In Redlichkeit, jedoch auf seine Weise,
Mit grillenhafter Mühe sann.
Der, in Gesellschaft von Adepten,
Sich in die schwarze Küche schloss,
Und, nach unendlichen Rezepten,   1040
Das Widrige zusammengoss.
Da ward ein roter Leu, ein kühner Freier,
Im lauen Bad, der Lilie vermählt
Und beide dann, mit offnem Flammenfeuer,
Aus einem Brautgemach ins andere gequält.   1045
Erschien darauf mit bunten Farben
Die junge Königin im Glas,
Hier war die Arzenei, die Patienten starben,
Und niemand fragte: wer genas?
So haben wir, mit höllischen Latwergen,   1050
In diesen Tälern, diesen Bergen,
Weit schlimmer als die Pest getobt.
Ich habe selbst den Gift an Tausende gegeben,
Sie welkten hin, ich muss erleben
Dass man die frechen Mörder lobt.   1055

WAGNER.

Wie könnt Ihr Euch darum betrüben!
Tut nicht ein braver Mann genug,
Die Kunst, die man ihm übertrug,
Gewissenhaft und pünktlich auszuüben.
Wenn du, als Jüngling, deinen Vater ehrst,   1060
So wirst du gern von ihm empfangen;
Wenn du, als Mann, die Wissenschaft vermehrst,
So kann dein Sohn zu höh'rem Ziel gelangen.

FAUST. O glücklich! wer noch hoffen kann
　　Aus diesem Meer des Irrtums aufzutauchen.　　　　　　1065
　　Was man nicht weiß das eben brauchte man,
　　Und was man weiß kann man nicht brauchen.
　　Doch lass uns dieser Stunde schönes Gut
　　Durch solchen Trübsinn nicht verkümmern!
　　Betrachte wie in Abendsonne-Glut　　　　　　　　　1070
　　Die grünumgebnen Hütten schimmern.
　　Sie rückt und weicht, der Tag ist überlebt,
　　Dort eilt sie hin und fördert neues Leben.
　　O dass kein Flügel mich vom Boden hebt,
　　Ihr nach und immer nach zu streben!　　　　　　　　1075
　　Ich säh im ewigen Abendstrahl
　　Die stille Welt zu meinen Füßen,
　　Entzündet alle Höhn, beruhigt jedes Tal,
　　Den Silberbach in goldne Ströme fließen.
　　Nicht hemmte dann den göttergleichen Lauf　　　　　1080
　　Der wilde Berg mit allen seinen Schluchten;
　　Schon tut das Meer sich mit erwärmten Buchten
　　Vor den erstaunten Augen auf.
　　Doch scheint die Göttin endlich wegzusinken;
　　Allein der neue Trieb erwacht,　　　　　　　　　　1085
　　Ich eile fort ihr ew'ges Licht zu trinken,
　　Vor mir den Tag, und hinter mir die Nacht,
　　Den Himmel über mir und unter mir die Wellen.
　　Ein schöner Traum, indessen sie entweicht.
　　Ach! zu des Geistes Flügeln wird so leicht　　　　　1090
　　Kein körperlicher Flügel sich gesellen.
　　Doch ist es jedem eingeboren,
　　Dass sein Gefühl hinauf und vorwärts dringt,
　　Wenn über uns, im blauen Raum verloren,
　　Ihr schmetternd Lied die Lerche singt;　　　　　　　1095
　　Wenn über schroffen Fichtenhöhen
　　Der Adler ausgebreitet schwebt,
　　Und über Flächen, über Seen,
　　Der Kranich nach der Heimat strebt.
WAGNER.
　　Ich hatte selbst oft grillenhafte Stunden,　　　　　1100
　　Doch solchen Trieb hab ich noch nie empfunden.
　　Man sieht sich leicht an Wald und Feldern satt,
　　Des Vogels Fittich werd ich nie beneiden.

Wie anders tragen uns die Geistesfreuden,
Von Buch zu Buch, von Blatt zu Blatt! 1105
Da werden Winternächte hold und schön,
Ein selig Leben wärmet alle Glieder,
Und ach! entrollst du gar ein würdig Pergamen,
So steigt der ganze Himmel zu dir nieder.
FAUST. Du bist dir nur des einen Triebs bewusst; 1110
O lerne nie den andern kennen!
Zwei Seelen wohnen, ach! in meiner Brust,
Die eine will sich von der andern trennen;
Die eine hält, in derber Liebeslust,
Sich an die Welt, mit klammernden Organen; 1115
Die andre hebt gewaltsam sich vom Dust
Zu den Gefilden hoher Ahnen.
O gibt es Geister in der Luft,
Die zwischen Erd und Himmel herrschend weben,
So steiget nieder aus dem goldnen Duft 1120
Und führt mich weg, zu neuem buntem Leben!
Ja, wäre nur ein Zaubermantel mein!
Und trüg er mich in fremde Länder,
Mir sollt' er um die köstlichsten Gewänder,
Nicht feil um einen Königsmantel sein. 1125
WAGNER. Berufe nicht die wohlbekannte Schar,
Die strömend sich im Dunstkreis überbreitet,
Dem Menschen tausendfältige Gefahr,
Von allen Enden her, bereitet.
Von Norden dringt der scharfe Geisterzahn 1130
Auf dich herbei, mit pfeilgespitzten Zungen;
Von Morgen ziehn, vertrocknend, sie heran,
Und nähren sich von deinen Lungen;
Wenn sie der Mittag aus der Wüste schickt,
Die Glut auf Glut um deinen Scheitel häufen, 1135
So bringt der West den Schwarm, der erst erquickt,
Um dich und Feld und Aue zu ersäufen.
Sie hören gern, zum Schaden froh gewandt,
Gehorchen gern, weil sie uns gern betriegen,
Sie stellen wie vom Himmel sich gesandt, 1140
Und lispeln englisch, wenn sie lügen.
Doch gehen wir! Ergraut ist schon die Welt,
Die Luft gekühlt, der Nebel fällt!
Am Abend schätzt man erst das Haus. –

Was stehst du so und blickst erstaunt hinaus? 1145
Was kann dich in der Dämmrung so ergreifen?
FAUST. Siehst du den schwarzen Hund durch Saat und
                                    Stoppel streifen?
WAGNER.
  Ich sah ihn lange schon, nicht wichtig schien er mir.
FAUST. Betracht ihn recht! Für was hältst du das Tier?
WAGNER. Für einen Pudel, der auf seine Weise 1150
  Sich auf der Spur des Herren plagt.
FAUST. Bemerkst du, wie in weitem Schneckenkreise
  Er um uns her und immer näher jagt?
  Und irr ich nicht, so zieht ein Feuerstrudel
  Auf seinen Pfaden hinterdrein. 1155
WAGNER. Ich sehe nichts als einen schwarzen Pudel;
  Es mag bei Euch wohl Augentäuschung sein.
FAUST. Mir scheint es, dass er magisch leise Schlingen
  Zu künft'gem Band um unsre Füße zieht.
WAGNER.
  Ich seh ihn ungewiss und furchtsam uns umspringen, 1160
  Weil er, statt seines Herrn, zwei Unbekannte sieht.
FAUST. Der Kreis wird eng, schon ist er nah!
WAGNER. Du siehst! ein Hund, und kein Gespenst ist da.
  Er knurrt und zweifelt, legt sich auf den Bauch.
  Er wedelt. Alles Hunde-Brauch. 1165
FAUST. Geselle dich zu uns! Komm hier!
WAGNER. Es ist ein pudelnärrisch Tier.
  Du stehest still, er wartet auf;
  Du sprichst ihn an, er strebt an dir hinauf;
  Verliere was, er wird es bringen, 1170
  Nach deinem Stock ins Wasser springen.
FAUST. Du hast wohl Recht; ich finde nicht die Spur
  Von einem Geist, und alles ist Dressur.
WAGNER. Dem Hunde, wenn er gut gezogen,
  Wird selbst ein weiser Mann gewogen. 1175
  Ja deine Gunst verdient er ganz und gar,
  Er der Studenten trefflicher Skolar.
  (Sie gehen in das Stadttor.)

Studierzimmer

FAUST *mit dem* PUDEL *hereintretend.*

FAUST. Verlassen hab ich Feld und Auen,
Die eine tiefe Nacht bedeckt,
Mit ahnungsvollem heil'gem Grauen   1180
In uns die bessre Seele weckt.
Entschlafen sind nun wilde Triebe,
Mit jedem ungestümen Tun;
Es reget sich die Menschenliebe,
Die Liebe Gottes regt sich nun.   1185
Sei ruhig Pudel! renne nicht hin und wider!
An der Schwelle was schnoberst du hier?
Lege dich hinter den Ofen nieder,
Mein bestes Kissen geb ich dir.
Wie du draußen auf dem bergigen Wege   1190
Durch Rennen und Springen ergetzt uns hast,
So nimm nun auch von mir die Pflege,
Als ein willkommner stiller Gast.

Ach wenn in unsrer engen Zelle
Die Lampe freundlich wieder brennt,   1195
Dann wird's in unserm Busen helle,
Im Herzen, das sich selber kennt.
Vernunft fängt wieder an zu sprechen,
Und Hoffnung wieder an zu blühn;
Man sehnt sich nach des Lebens Bächen,   1200
Ach! nach des Lebens Quelle hin.
Knurre nicht Pudel! Zu den heiligen Tönen,
Die jetzt meine ganze Seel umfassen,
Will der tierische Laut nicht passen.
Wir sind gewohnt, dass die Menschen verhöhnen   1205
Was sie nicht verstehn,
Dass sie vor dem Guten und Schönen,
Das ihnen oft beschwerlich ist, murren;
Will es der Hund, wie sie, beknurren?

Aber ach! schon fühl ich, bei dem besten Willen,   1210
Befriedigung nicht mehr aus dem Busen quillen.
Aber warum muss der Strom so bald versiegen,
Und wir wieder im Durste liegen?
Davon hab ich so viel Erfahrung.

Doch dieser Mangel lässt sich ersetzen,   1215
Wir lernen das Überirdische schätzen,
Wir sehnen uns nach Offenbarung,
Die nirgends würd'ger und schöner brennt,
Als in dem Neuen Testament.
Mich drängt's den Grundtext aufzuschlagen,   1220
Mit redlichem Gefühl einmal
Das heilige Original
In mein geliebtes Deutsch zu übertragen.
(Er schlägt ein Volum auf und schickt sich an.)
Geschrieben steht: »im Anfang war das Wort!«
Hier stock ich schon! Wer hilft mir weiter fort?   1225
Ich kann das Wort so hoch unmöglich schätzen,
Ich muss es anders übersetzen,
Wenn ich vom Geiste recht erleuchtet bin.
Geschrieben steht: im Anfang war der Sinn.
Bedenke wohl die erste Zeile,   1230
Dass deine Feder sich nicht übereile!
Ist es der Sinn, der alles wirkt und schafft?
Es sollte stehn: im Anfang war die Kraft!
Doch, auch indem ich dieses niederschreibe,
Schon warnt mich was, dass ich dabei nicht bleibe.   1235
Mir hilft der Geist! Auf einmal seh ich Rat
Und schreibe getrost: im Anfang war die Tat!

Soll ich mit dir das Zimmer teilen,
Pudel, so lass das Heulen,
So lass das Bellen!   1240
Solch einen störenden Gesellen
Mag ich nicht in der Nähe leiden.
Einer von uns beiden
Muss die Zelle meiden.
Ungern heb ich das Gastrecht auf,   1245
Die Tür ist offen, hast freien Lauf.
Aber was muss ich sehen!
Kann das natürlich geschehen?
Ist es Schatten? ist's Wirklichkeit?
Wie wird mein Pudel lang und breit!   1250
Er hebt sich mit Gewalt,
Das ist nicht eines Hundes Gestalt!
Welch ein Gespenst bracht ich ins Haus!

Schon sieht er wie ein Nilpferd aus.
Mit feurigen Augen, schrecklichem Gebiss. 1255
O! du bist mir gewiss!
Für solche halbe Höllenbrut
Ist Salomonis Schlüssel gut.
GEISTER *(auf dem Gange).*
    Drinnen gefangen ist einer!
    Bleibet haußen, folg' ihm keiner 1260
    Wie im Eisen der Fuchs
    Zagt ein alter Höllenluchs.
    Aber gebt Acht!
    Schwebet hin, schwebet wider,
    Auf und nieder, 1265
    Und er hat sich losgemacht.
    Könnt ihr ihm nützen,
    Lasst ihn nicht sitzen!
    Denn er tat uns allen
    Schon viel zu Gefallen. 1270
FAUST. Erst zu begegnen dem Tiere,
Brauch ich den Spruch der Viere:
    Salamander soll glühen,
    Undene sich winden,
    Sylphe verschwinden, 1275
    Kobold sich mühen.
Wer sie nicht kennte
Die Elemente,
Ihre Kraft
Und Eigenschaft, 1280
Wäre kein Meister
Über die Geister.
    Verschwind in Flammen
    Salamander!
    Rauschend fließe zusammen 1285
    Undene!
    Leucht in Meteoren-Schöne
    Sylphe!
    Bring häusliche Hülfe
    Incubus! Incubus! 1290
    Tritt hervor und mache den Schluss.
Keines der Viere
Steckt in dem Tiere.

Es liegt ganz ruhig und grinst mich an;
Ich hab ihm noch nicht weh getan.   1295
Du sollst mich hören
Stärker beschwören.
    Bist du Geselle
    Ein Flüchtling der Hölle?
    So sieh dies Zeichen!   1300
    Dem sie sich beugen
    Die schwarzen Scharen.
Schon schwillt es auf mit borstigen Haaren.
    Verworfnes Wesen!
    Kannst du ihn lesen?   1305
    Den nie Entsprossnen,
    Unausgesprochnen,
    Durch alle Himmel Gegossnen,
    Freventlich Durchstochnen?
Hinter den Ofen gebannt   1310
Schwillt es wie ein Elefant,
Den ganzen Raum füllt es an,
Es will zum Nebel zerfließen.
Steige nicht zur Decke hinan!
Lege dich zu des Meisters Füßen!   1315
Du siehst dass ich nicht vergebens drohe.
Ich versenge dich mit heiliger Lohe!
Erwarte nicht
Das dreimal glühende Licht!
Erwarte nicht   1320
Die stärkste von meinen Künsten!

MEPHISTOPHELES *tritt, indem der Nebel fällt, gekleidet
   wie ein fahrender Scholasticus, hinter dem Ofen hervor.*

MEPHISTOPHELES.
   Wozu der Lärm? was steht dem Herrn zu Diensten?
FAUST. Das also war des Pudels Kern!
   Ein fahrender Scolast? Der Casus macht mich lachen.
MEPHISTOPHELES. Ich salutiere den gelehrten Herrn!   1325
   Ihr habt mich weidlich schwitzen machen.
FAUST. Wie nennst du dich?
MEPHISTOPHELES.   Die Frage scheint mir klein
   Für einen der das Wort so sehr verachtet,

Der, weit entfernt von allem Schein,
Nur in der Wesen Tiefe trachtet.   1330
FAUST. Bei euch, ihr Herrn, kann man das Wesen
Gewöhnlich aus dem Namen lesen,
Wo es sich allzu deutlich weist,
Wenn man euch Fliegengott, Verderber, Lügner heißt.
Nun gut wer bist du denn?
MEPHISTOPHELES.   Ein Teil von jener Kraft,   1335
Die stets das Böse will und stets das Gute schafft.
FAUST. Was ist mit diesem Rätselwort gemeint?
MEPHISTOPHELES. Ich bin der Geist der stets verneint!
Und das mit Recht; denn alles was entsteht
Ist wert dass es zugrunde geht;   1340
Drum besser wär's dass nichts entstünde.
So ist denn alles was ihr Sünde,
Zerstörung, kurz das Böse nennt,
Mein eigentliches Element.
FAUST.
Du nennst dich einen Teil, und stehst doch ganz vor mir?   1345
MEPHISTOPHELES. Bescheidne Wahrheit sprech ich dir.
Wenn sich der Mensch, die kleine Narrenwelt,
Gewöhnlich für ein Ganzes hält;
Ich bin ein Teil des Teils, der anfangs alles war,
Ein Teil der Finsternis, die sich das Licht gebar,   1350
Das stolze Licht, das nun der Mutter Nacht
Den alten Rang, den Raum ihr streitig macht,
Und doch gelingt's ihm nicht, da es, so viel es strebt,
Verhaftet an den Körpern klebt.
Von Körpern strömt's, die Körper macht es schön,   1355
Ein Körper hemmt's auf seinem Gange,
So, hoff ich, dauert es nicht lange
Und mit den Körpern wird's zugrunde gehn.
FAUST. Nun kenn ich deine würd'gen Pflichten!
Du kannst im Großen nichts vernichten   1360
Und fängst es nun im Kleinen an.
MEPHISTOPHELES. Und freilich ist nicht viel damit getan.
Was sich dem Nichts entgegenstellt,
Das Etwas, diese plumpe Welt,
So viel als ich schon unternommen,   1365
Ich wusste nicht ihr beizukommen,
Mit Wellen, Stürmen, Schütteln, Brand,

Geruhig bleibt am Ende Meer und Land!
Und dem verdammten Zeug, der Tier- und Menschenbrut,
Dem ist nun gar nichts anzuhaben.   1370
Wie viele hab ich schon begraben!
Und immer zirkuliert ein neues, frisches Blut.
So geht es fort, man möchte rasend werden!
Der Luft, dem Wasser, wie der Erden
Entwinden tausend Keime sich,   1375
Im Trocknen, Feuchten, Warmen, Kalten!
Hätt ich mir nicht die Flamme vorbehalten;
Ich hätte nichts Aparts für mich.
FAUST. So setzest du der ewig regen,
Der heilsam schaffenden Gewalt   1380
Die kalte Teufelsfaust entgegen,
Die sich vergebens tückisch ballt!
Was anders suche zu beginnen
Des Chaos wunderlicher Sohn!
MEPHISTOPHELES.
Wir wollen wirklich uns besinnen,   1385
Die nächsten Male mehr davon!
Dürft ich wohl diesmal mich entfernen?
FAUST. Ich sehe nicht warum du fragst.
Ich habe jetzt dich kennen lernen,
Besuche nun mich wie du magst.   1390
Hier ist das Fenster, hier die Türe,
Ein Rauchfang ist dir auch gewiss.
MEPHISTOPHELES.
Gesteh' ich's nur! Dass ich hinausspaziere
Verbietet mir ein kleines Hindernis,
Der Drudenfuß auf Eurer Schwelle –   1395
FAUST. Das Pentagramma macht dir Pein?
Ei sage mir, du Sohn der Hölle,
Wenn das dich bannt, wie kamst du denn herein?
Wie ward ein solcher Geist betrogen?
MEPHISTOPHELES.
Beschaut es recht! es ist nicht gut gezogen;   1400
Der eine Winkel, der nach außen zu,
Ist, wie du siehst, ein wenig offen.
FAUST. Das hat der Zufall gut getroffen!
Und mein Gefangner wärst denn du?
Das ist von ohngefähr gelungen!   1405

MEPHISTOPHELES.

  Der Pudel merkte nichts als er hereingesprungen,

  Die Sache sieht jetzt anders aus;

  Der Teufel kann nicht aus dem Haus.

FAUST. Doch warum gehst du nicht durchs Fenster?

MEPHISTOPHELES.

  's ist ein Gesetz der Teufel und Gespenster:					1410

  Wo sie hereingeschlüpft, da müssen sie hinaus.

  Das Erste steht uns frei, beim Zweiten sind wir Knechte.

FAUST. Die Hölle selbst hat ihre Rechte?

  Das find ich gut, da ließe sich ein Pakt,

  Und sicher wohl, mit euch ihr Herren schließen?					1415

MEPHISTOPHELES.

  Was man verspricht, das sollst du rein genießen,

  Dir wird davon nichts abgezwackt.

  Doch das ist nicht so kurz zu fassen,

  Und wir besprechen das zunächst;

  Doch jetzo bitt ich, hoch und höchst,					1420

  Für dieses Mal mich zu entlassen.

FAUST. So bleibe doch noch einen Augenblick,

  Um mir erst gute Mär zu sagen.

MEPHISTOPHELES.

  Jetzt lass mich los! ich komme bald zurück;

  Dann magst du nach Belieben fragen.					1425

FAUST. Ich habe dir nicht nachgestellt,

  Bist du doch selbst ins Garn gegangen.

  Den Teufel halte wer ihn hält!

  Er wird ihn nicht so bald zum zweiten Male fangen.

MEPHISTOPHELES.

  Wenn dir's beliebt, so bin ich auch bereit					1430

  Dir zur Gesellschaft hier zu bleiben;

  Doch mit Bedingnis, dir die Zeit,

  Durch meine Künste, würdig zu vertreiben.

FAUST. Ich seh es gern, das steht dir frei;

  Nur dass die Kunst gefällig sei!					1435

MEPHISTOPHELES.

  Du wirst, mein Freund, für deine Sinnen,

  In dieser Stunde mehr gewinnen,

  Als in des Jahres Einerlei.

  Was dir die zarten Geister singen,

  Die schönen Bilder die sie bringen,					1440

Sind nicht ein leeres Zauberspiel.
Auch dein Geruch wird sich ergetzen,
Dann wirst du deinen Gaumen letzen,
Und dann entzückt sich dein Gefühl.
Bereitung braucht es nicht voran,   1445
Beisammen sind wir, fanget an!

GEISTER.   Schwindet, ihr dunkeln
            Wölbungen droben!
            Reizender schaue
            Freundlich der blaue   1450
            Äther herein!
            Wären die dunkeln
            Wolken zerronnen!
            Sternelein funkeln,
            Mildere Sonnen   1455
            Scheinen darein.
            Himmlischer Söhne
            Geistige Schöne,
            Schwankende Beugung
            Schwebet vorüber.   1460
            Sehnende Neigung
            Folget hinüber;
            Und der Gewänder
            Flatternde Bänder
            Decken die Länder,   1465
            Decken die Laube,
            Wo sich fürs Leben,
            Tief in Gedanken,
            Liebende geben.
            Laube bei Laube!   1470
            Sprossende Ranken!
            Lastende Traube
            Stürzt ins Behälter
            Drängender Kelter,
            Stürzen in Bächen   1475
            Schäumende Weine,
            Rieseln durch reine,
            Edle Gesteine,
            Lassen die Höhen
            Hinter sich liegen,   1480
            Breiten zu Seen

Sich ums Genügen
Grünender Hügel.
Und das Geflügel
Schlürfet sich Wonne,   1485
Flieget der Sonne,
Flieget den hellen
Inseln entgegen,
Die sich auf Wellen
Gauklend bewegen;   1490
Wo wir in Chören
Jauchzende hören,
Über den Auen
Tanzende schauen,
Die sich im Freien   1495
Alle zerstreuen.
Einige klimmen
Über die Höhen,
Andere schwimmen
Über die Seen,   1500
Andere schweben;
Alle zum Leben,
Alle zur Ferne
Liebender Sterne
Seliger Huld.   1505

MEPHISTOPHELES.

Er schläft! So recht, ihr luft'gen zarten Jungen!
Ihr habt ihn treulich eingesungen!
Für dies Konzert bin ich in eurer Schuld.
Du bist noch nicht der Mann den Teufel festzuhalten!
Umgaukelt ihn mit süßen Traumgestalten,   1510
Versenkt ihn in ein Meer des Wahns;
Doch dieser Schwelle Zauber zu zerspalten
Bedarf ich eines Rattenzahns.
Nicht lange brauch ich zu beschwören,
Schon raschelt eine hier und wird sogleich mich hören.   1515

Der Herr der Ratten und der Mäuse,
Der Fliegen, Frösche, Wanzen, Läuse,
Befiehlt dir dich hervorzuwagen
Und diese Schwelle zu benagen,
So wie er sie mit Öl betupft –   1520

Da kommst du schon hervorgehupft!
Nur frisch ans Werk! Die Spitze, die mich bannte,
Sie sitzt ganz vornen an der Kante.
Noch einen Biss, so ist's geschehn. –
Nun, Fauste, träume fort, bis wir uns wiedersehn.   1525

FAUST *(erwachend)*.
  Bin ich denn abermals betrogen?
  Verschwindet so der geisterreiche Drang,
  Dass mir ein Traum den Teufel vorgelogen,
  Und dass ein Pudel mir entsprang?

Studierzimmer

FAUST. MEPHISTOPHELES.

FAUST. Es klopft? Herein! Wer will mich wieder plagen?   1530
MEPHISTOPHELES. Ich bin's.
FAUST.   Herein!
MEPHISTOPHELES.   Du musst es dreimal sagen.
FAUST. Herein denn!
MEPHISTOPHELES.   So gefällst du mir.
  Wir werden, hoff ich, uns vertragen!
  Denn dir die Grillen zu verjagen
  Bin ich, als edler Junker, hier,   1535
  In rotem goldverbrämtem Kleide,
  Das Mäntelchen von starrer Seide,
  Die Hahnenfeder auf dem Hut,
  Mit einem langen, spitzen Degen,
  Und rate nun dir, kurz und gut,   1540
  Dergleichen gleichfalls anzulegen;
  Damit du, losgebunden, frei,
  Erfahrest was das Leben sei.
FAUST. In jedem Kleide werd ich wohl die Pein
  Des engen Erdelebens fühlen.   1545
  Ich bin zu alt, um nur zu spielen,
  Zu jung, um ohne Wunsch zu sein.
  Was kann die Welt mir wohl gewähren?
  Entbehren sollst du! sollst entbehren!
  Das ist der ewige Gesang,   1550
  Der jedem an die Ohren klingt,
  Den, unser ganzes Leben lang,

Uns heiser jede Stunde singt.
Nur mit Entsetzen wach ich morgens auf,
Ich möchte bittre Tränen weinen,   1555
Den Tag zu sehn, der mir in seinem Lauf
Nicht Einen Wunsch erfüllen wird, nicht Einen,
Der selbst die Ahnung jeder Lust
Mit eigensinnigem Krittel mindert,
Die Schöpfung meiner regen Brust   1560
Mit tausend Lebensfratzen hindert.
Auch muss ich, wenn die Nacht sich niedersenkt,
Mich ängstlich auf das Lager strecken;
Auch da wird keine Rast geschenkt,
Mich werden wilde Träume schrecken.   1565
Der Gott, der mir im Busen wohnt,
Kann tief mein Innerstes erregen;
Der über allen meinen Kräften thront,
Er kann nach außen nichts bewegen;
Und so ist mir das Dasein eine Last,   1570
Der Tod erwünscht, das Leben mir verhasst.

MEPHISTOPHELES.
Und doch ist nie der Tod ein ganz willkommner Gast.

FAUST. O selig der, dem er im Siegesglanze
Die blut'gen Lorbeern um die Schläfe windet,
Den er, nach rasch durchrastem Tanze,   1575
In eines Mädchens Armen findet.
O wär ich vor des hohen Geistes Kraft
Entzückt, entseelt dahingesunken!

MEPHISTOPHELES.
Und doch hat jemand einen braunen Saft,
In jener Nacht, nicht ausgetrunken.   1580

FAUST. Das Spionieren, scheint's, ist deine Lust.

MEPHISTOPHELES.
Allwissend bin ich nicht; doch viel ist mir bewusst.

FAUST. Wenn aus dem schrecklichen Gewühle
Ein süß bekannter Ton mich zog,
Den Rest von kindlichem Gefühle   1585
Mit Anklang froher Zeit betrog;
So fluch ich allem was die Seele
Mit Lock- und Gaukelwerk umspannt,
Und sie in diese Trauerhöhle
Mit Blend- und Schmeichelkräften bannt!   1590

Verflucht voraus die hohe Meinung,
Womit der Geist sich selbst umfängt!
Verflucht das Blenden der Erscheinung,
Die sich an unsre Sinne drängt!
Verflucht was uns in Träumen heuchelt,   1595
Des Ruhms, der Namensdauer Trug!
Verflucht was als Besitz uns schmeichelt,
Als Weib und Kind, als Knecht und Pflug!
Verflucht sei Mammon, wenn mit Schätzen
Er uns zu kühnen Taten regt,   1600
Wenn er zu müßigem Ergetzen
Die Polster uns zurechte legt!
Fluch sei dem Balsamsaft der Trauben!
Fluch jener höchsten Liebeshuld!
Fluch sei der Hoffnung! Fluch dem Glauben,   1605
Und Fluch vor allen der Geduld!

GEISTER-CHOR *(unsichtbar)*. Weh! weh!
　　　Du hast sie zerstört,
　　　Die schöne Welt,
　　　Mit mächtiger Faust;   1610
　　　Sie stürzt, sie zerfällt!
　　　Ein Halbgott hat sie zerschlagen!
　　　Wir tragen
　　　Die Trümmern ins Nichts hinüber,
　　　Und klagen   1615
　　　Über die verlorne Schöne.
　　　Mächtiger
　　　Der Erdensöhne,
　　　Prächtiger
　　　Baue sie wieder,   1620
　　　In deinem Busen baue sie auf!
　　　Neuen Lebenslauf
　　　Beginne,
　　　Mit hellem Sinne,
　　　Und neue Lieder   1625
　　　Tönen darauf!

MEPHISTOPHELES. Dies sind die Kleinen
　　　Von den Meinen.
　　　Höre, wie zu Lust und Taten
　　　Altklug sie raten!   1630
　　　In die Welt weit,

Aus der Einsamkeit,
Wo Sinnen und Säfte stocken,
Wollen sie dich locken.
Hör auf mit deinem Gram zu spielen, 1635
Der, wie ein Geier, dir am Leben frisst;
Die schlechteste Gesellschaft lässt dich fühlen,
Dass du ein Mensch mit Menschen bist.
Doch so ist's nicht gemeint
Dich unter das Pack zu stoßen. 1640
Ich bin keiner von den Großen;
Doch willst du, mit mir vereint,
Deine Schritte durchs Leben nehmen,
So will ich mich gern bequemen
Dein zu sein, auf der Stelle. 1645
Ich bin dein Geselle
Und, mach ich dir's recht,
Bin ich dein Diener, bin dein Knecht!
FAUST. Und was soll ich dagegen dir erfüllen?
MEPHISTOPHELES.
Dazu hast du noch eine lange Frist. 1650
FAUST. Nein, nein! der Teufel ist ein Egoist
Und tut nicht leicht um Gottes willen
Was einem andern nützlich ist.
Sprich die Bedingung deutlich aus;
Ein solcher Diener bringt Gefahr ins Haus. 1655
MEPHISTOPHELES.
Ich will mich hier zu deinem Dienst verbinden,
Auf deinen Wink nicht rasten und nicht ruhn;
Wenn wir uns drüben wiederfinden,
So sollst du mir das Gleiche tun.
FAUST. Das Drüben kann mich wenig kümmern, 1660
Schlägst du erst diese Welt zu Trümmern,
Die andre mag darnach entstehn.
Aus dieser Erde quillen meine Freuden,
Und diese Sonne scheinet meinen Leiden;
Kann ich mich erst von ihnen scheiden, 1665
Dann mag was will und kann geschehn.
Davon will ich nichts weiter hören,
Ob man auch künftig hasst und liebt,
Und ob es auch in jenen Sphären
Ein Oben oder Unten gibt. 1670

MEPHISTOPHELES. In diesem Sinne kannst du's wagen.
  Verbinde dich; du sollst, in diesen Tagen,
  Mit Freuden meine Künste sehn,
  Ich gebe dir was noch kein Mensch gesehn.
FAUST. Was willst du armer Teufel geben?   1675
  Ward eines Menschen Geist, in seinem hohen Streben,
  Von deinesgleichen je gefasst?
  Doch hast du Speise die nicht sättigt, hast
  Du rotes Gold, das ohne Rast,
  Quecksilber gleich, dir in der Hand zerrinnt,   1680
  Ein Spiel, bei dem man nie gewinnt,
  Ein Mädchen, das an meiner Brust
  Mit Äugeln schon dem Nachbar sich verbindet,
  Der Ehre schöne Götterlust,
  Die, wie ein Meteor, verschwindet.   1685
  Zeig mir die Frucht die fault, eh man sie bricht,
  Und Bäume die sich täglich neu begrünen!
MEPHISTOPHELES.
  Ein solcher Auftrag schreckt mich nicht,
  Mit solchen Schätzen kann ich dienen.
  Doch, guter Freund, die Zeit kommt auch heran   1690
  Wo wir was Guts in Ruhe schmausen mögen.
FAUST. Werd ich beruhigt je mich auf ein Faulbett legen;
  So sei es gleich um mich getan!
  Kannst du mich schmeichelnd je belügen
  Dass ich mir selbst gefallen mag,   1695
  Kannst du mich mit Genuss betriegen;
  Das sei für mich der letzte Tag!
  Die Wette biet ich!
MEPHISTOPHELES.   Topp!
FAUST.   Und Schlag auf Schlag!
  Werd ich zum Augenblicke sagen:
  Verweile doch! du bist so schön!   1700
  Dann magst du mich in Fesseln schlagen,
  Dann will ich gern zugrunde gehn!
  Dann mag die Totenglocke schallen,
  Dann bist du deines Dienstes frei,
  Die Uhr mag stehn, der Zeiger fallen,   1705
  Es sei die Zeit für mich vorbei!
MEPHISTOPHELES.
  Bedenk es wohl, wir werden's nicht vergessen.

FAUST. Dazu hast du ein volles Recht,
Ich habe mich nicht freventlich vermessen.
Wie ich beharre bin ich Knecht, 1710
Ob dein, was frag ich, oder wessen.
MEPHISTOPHELES.
Ich werde heute gleich, beim Doktorschmaus,
Als Diener, meine Pflicht erfüllen.
Nur eins! – Um Lebens oder Sterbens willen,
Bitt ich mir ein paar Zeilen aus. 1715
FAUST. Auch was Geschriebnes forderst du Pedant?
Hast du noch keinen Mann, nicht Mannes-Wort gekannt?
Ist's nicht genug, dass mein gesprochnes Wort
Auf ewig soll mit meinen Tagen schalten?
Rast nicht die Welt in allen Strömen fort, 1720
Und mich soll ein Versprechen halten?
Doch dieser Wahn ist uns ins Herz gelegt,
Wer mag sich gern davon befreien?
Beglückt wer Treue rein im Busen trägt,
Kein Opfer wird ihn je gereuen! 1725
Allein ein Pergament, beschrieben und beprägt,
Ist ein Gespenst vor dem sich Alle scheuen.
Das Wort erstirbt schon in der Feder,
Die Herrschaft führen Wachs und Leder.
Was willst du böser Geist von mir? 1730
Erz, Marmor, Pergament, Papier?
Soll ich mit Griffel, Meißel, Feder schreiben?
Ich gebe jede Wahl dir frei.
MEPHISTOPHELES. Wie magst du deine Rednerei
Nur gleich so hitzig übertreiben? 1735
Ist doch ein jedes Blättchen gut.
Du unterzeichnest dich mit einem Tröpfchen Blut.
FAUST. Wenn dies dir völlig G'nüge tut,
So mag es bei der Fratze bleiben.
MEPHISTOPHELES. Blut ist ein ganz besondrer Saft. 1740
FAUST. Nur keine Furcht, dass ich dies Bündnis breche!
Das Streben meiner ganzen Kraft
Ist grade das was ich verspreche.
Ich habe mich zu hoch gebläht;
In deinen Rang gehör ich nur. 1745
Der große Geist hat mich verschmäht,
Vor mir verschließt sich die Natur.

Des Denkens Faden ist zerrissen,
Mir ekelt lange vor allem Wissen.
Lass in den Tiefen der Sinnlichkeit   1750
Uns glühende Leidenschaften stillen!
In undurchdrungnen Zauberhüllen
Sei jedes Wunder gleich bereit!
Stürzen wir uns in das Rauschen der Zeit,
Ins Rollen der Begebenheit!   1755
Da mag denn Schmerz und Genuss,
Gelingen und Verdruss,
Miteinander wechseln wie es kann;
Nur rastlos betätigt sich der Mann.

MEPHISTOPHELES. Euch ist kein Maß und Ziel gesetzt.   1760
Beliebt's Euch überall zu naschen,
Im Fliehen etwas zu erhaschen,
Bekomm' Euch wohl was Euch ergetzt.
Nur greift mir zu und seid nicht blöde!

FAUST. Du hörest ja, von Freud' ist nicht die Rede.   1765
Dem Taumel weih ich mich, dem schmerzlichsten Genuss,
Verliebtem Hass, erquickendem Verdruss.
Mein Busen, der vom Wissensdrang geheilt ist,
Soll keinen Schmerzen künftig sich verschließen,
Und was der ganzen Menschheit zugeteilt ist,   1770
Will ich in meinem innern Selbst genießen,
Mit meinem Geist das Höchst' und Tiefste greifen,
Ihr Wohl und Weh auf meinen Busen häufen,
Und so mein eigen Selbst zu ihrem Selbst erweitern,
Und, wie sie selbst, am End auch ich zerscheitern.   1775

MEPHISTOPHELES.
O glaube mir, der manche tausend Jahre
An dieser harten Speise kaut,
Dass von der Wiege bis zur Bahre
Kein Mensch den alten Sauerteig verdaut!
Glaub unsereinem, dieses Ganze   1780
Ist nur für einen Gott gemacht!
Er findet sich in einem ew'gen Glanze,
Uns hat er in die Finsternis gebracht,
Und euch taugt einzig Tag und Nacht.

FAUST. Allein ich will!

MEPHISTOPHELES.   Das lässt sich hören!   1785
Doch nur vor Einem ist mir bang;

Die Zeit ist kurz, die Kunst ist lang.
Ich dächt, Ihr ließet Euch belehren.
Assoziiert Euch mit einem Poeten.
Lasst den Herrn in Gedanken schweifen,   1790
Und alle edlen Qualitäten
Auf Euren Ehren-Scheitel häufen,
Des Löwen Mut,
Des Hirsches Schnelligkeit,
Des Italieners feurig Blut,   1795
Des Nordens Dau'rbarkeit.
Lasst ihn Euch das Geheimnis finden,
Großmut und Arglist zu verbinden,
Und Euch, mit warmen Jugendtrieben,
Nach einem Plane, zu verlieben.   1800
Möchte selbst solch einen Herren kennen,
Würd ihn Herrn Mikrokosmus nennen.
FAUST. Was bin ich denn, wenn es nicht möglich ist
  Der Menschheit Krone zu erringen,
  Nach der sich alle Sinne dringen?   1805
MEPHISTOPHELES. Du bist am Ende – was du bist.
  Setz dir Perücken auf von Millionen Locken,
  Setz deinen Fuß auf ellenhohe Socken,
  Du bleibst doch immer was du bist.
FAUST. Ich fühl's, vergebens hab ich alle Schätze   1810
  Des Menschengeists auf mich herbeigerafft,
  Und wenn ich mich am Ende niedersetze,
  Quillt innerlich doch keine neue Kraft;
  Ich bin nicht um ein Haar breit höher;
  Bin dem Unendlichen nicht näher.   1815
MEPHISTOPHELES.
  Mein guter Herr, Ihr seht die Sachen,
  Wie man die Sachen eben sieht;
  Wir müssen das gescheiter machen,
  Eh uns des Lebens Freude flieht.
  Was Henker! freilich Händ und Füße   1820
  Und Kopf und H – – die sind dein;
  Doch alles, was ich frisch genieße,
  Ist das drum weniger mein?
  Wenn ich sechs Hengste zahlen kann,
  Sind ihre Kräfte nicht die meine?   1825
  Ich renne zu und bin ein rechter Mann,

Als hätt ich vierundzwanzig Beine.
Drum frisch! Lass alles Sinnen sein,
Und grad mit in die Welt hinein!
Ich sag es dir: ein Kerl, der spekuliert,   1830
Ist wie ein Tier, auf dürrer Heide
Von einem bösen Geist im Kreis herum geführt,
Und rings umher liegt schöne grüne Weide.

FAUST. Wie fangen wir das an?

MEPHISTOPHELES.   Wir gehen eben fort.
Was ist das für ein Marterort?   1835
Was heißt das für ein Leben führen,
Sich und die Jungens ennuyieren?
Lass du das dem Herrn Nachbar Wanst!
Was willst du dich das Stroh zu dreschen plagen?
Das Beste, was du wissen kannst,   1840
Darfst du den Buben doch nicht sagen.
Gleich hör ich einen auf dem Gange!

FAUST. Mir ist's nicht möglich ihn zu sehn.

MEPHISTOPHELES. Der arme Knabe wartet lange,
Der darf nicht ungetröstet gehn.   1845
Komm, gib mir deinen Rock und Mütze;
Die Maske muss mir köstlich stehn. *(Er kleidet sich um.)*
Nun überlass es meinem Witze!
Ich brauche nur ein Viertelstündchen Zeit;
Indessen mache dich zur schönen Fahrt bereit!   1850
(Faust ab.)

MEPHISTOPHELES *(in Fausts langem Kleide).*
Verachte nur Vernunft und Wissenschaft,
Des Menschen allerhöchste Kraft,
Lass nur in Blend- und Zauberwerken
Dich von dem Lügengeist bestärken,
So hab ich dich schon unbedingt –   1855
Ihm hat das Schicksal einen Geist gegeben,
Der ungebändigt immer vorwärts dringt,
Und dessen übereiltes Streben
Der Erde Freuden überspringt.
Den schlepp ich durch das wilde Leben,   1860
Durch flache Unbedeutenheit,
Er soll mir zappeln, starren, kleben,
Und seiner Unersättlichkeit
Soll Speis und Trank vor gier'gen Lippen schweben;

Er wird Erquickung sich umsonst erflehn, 1865
Und hätt er sich auch nicht dem Teufel übergeben,
Er müsste doch zugrunde gehn!

EIN SCHÜLER *tritt auf.*

SCHÜLER. Ich bin allhier erst kurze Zeit,
Und komme voll Ergebenheit,
Einen Mann zu sprechen und zu kennen, 1870
Den Alle mir mit Ehrfucht nennen.
MEPHISTOPHELES. Eure Höflichkeit erfreut mich sehr!
Ihr seht einen Mann wie andre mehr.
Habt Ihr Euch sonst schon umgetan?
SCHÜLER. Ich bitt Euch, nehmt Euch meiner an! 1875
Ich komme mit allem guten Mut,
Leidlichem Geld und frischem Blut;
Meine Mutter wollte mich kaum entfernen;
Möchte gern was Rechts hieraußen lernen.
MEPHISTOPHELES. Da seid Ihr eben recht am Ort. 1880
SCHÜLER. Aufrichtig, möchte schon wieder fort:
In diesen Mauern, diesen Hallen,
Will es mir keineswegs gefallen.
Es ist ein gar beschränkter Raum,
Man sieht nichts Grünes, keinen Baum, 1885
Und in den Sälen, auf den Bänken,
Vergeht mir Hören, Sehn und Denken.
MEPHISTOPHELES.
Das kommt nur auf Gewohnheit an.
So nimmt ein Kind der Mutter Brust
Nicht gleich im Anfang willig an, 1890
Doch bald ernährt es sich mit Lust.
So wird's Euch an der Weisheit Brüsten
Mit jedem Tage mehr gelüsten.
SCHÜLER. An ihrem Hals will ich mit Freuden hangen;
Doch sagt mir nur, wie kann ich hingelangen? 1895
MEPHISTOPHELES. Erklärt Euch, eh Ihr weiter geht,
Was wählt Ihr für eine Fakultät?
SCHÜLER. Ich wünschte recht gelehrt zu werden,
Und möchte gern was auf der Erden
Und in dem Himmel ist erfassen, 1900
Die Wissenschaft und die Natur.

MEPHISTOPHELES. Da seid Ihr auf der rechten Spur;
　　Doch müsst Ihr Euch nicht zerstreuen lassen.
SCHÜLER. Ich bin dabei mit Seel und Leib;
　　Doch freilich würde mir behagen　　　　　　　　　　1905
　　Ein wenig Freiheit und Zeitvertreib
　　An schönen Sommerfeiertagen.
MEPHISTOPHELES.
　　Gebraucht der Zeit, sie geht so schnell von hinnen,
　　Doch Ordnung lehrt Euch Zeit gewinnen.
　　Mein teurer Freund, ich rat Euch drum　　　　　　　1910
　　Zuerst Collegium Logicum.
　　Da wird der Geist Euch wohl dressiert,
　　In spanische Stiefeln eingeschnürt,
　　Dass er bedächtiger so fortan
　　Hinschleiche die Gedankenbahn,　　　　　　　　　　1915
　　Und nicht etwa, die kreuz und quer,
　　Irrlichteliere hin und her.
　　Dann lehret man Euch manchen Tag,
　　Dass, was Ihr sonst auf einen Schlag
　　Getrieben, wie Essen und Trinken frei,　　　　　　　1920
　　Eins! Zwei! Drei! dazu nötig sei.
　　Zwar ist's mit der Gedanken-Fabrik
　　Wie mit einem Weber-Meisterstück,
　　Wo Ein Tritt tausend Fäden regt,
　　Die Schifflein herüber hinüber schießen,　　　　　　1925
　　Die Fäden ungesehen fließen,
　　Ein Schlag tausend Verbindungen schlägt:
　　Der Philosoph der tritt herein,
　　Und beweist Euch, es müsst so sein:
　　Das Erst' wär so, das Zweite so,　　　　　　　　　　1930
　　Und drum das Dritt' und Vierte so;
　　Und wenn das Erst' und Zweit' nicht wär,
　　Das Dritt' und Viert' wär nimmermehr.
　　Das preisen die Schüler allerorten,
　　Sind aber keine Weber geworden.　　　　　　　　　　1935
　　Wer will was Lebendigs erkennen und beschreiben,
　　Sucht erst den Geist heraus zu treiben,
　　Dann hat er die Teile in seiner Hand,
　　Fehlt leider! nur das geistige Band.
　　Encheiresin naturae nennt's die Chemie,　　　　　　1940
　　Spottet ihrer selbst und weiß nicht wie.

SCHÜLER. Kann Euch nicht eben ganz verstehen.
MEPHISTOPHELES.
  Das wird nächstens schon besser gehen,
  Wenn Ihr lernt alles reduzieren
  Und gehörig klassifizieren. 1945
SCHÜLER. Mir wird von alledem so dumm,
  Als ging' mir ein Mühlrad im Kopf herum.
MEPHISTOPHELES. Nachher, vor allen andern Sachen
  Müsst Ihr Euch an die Metaphysik machen!
  Da seht dass Ihr tiefsinnig fasst, 1950
  Was in des Menschen Hirn nicht passt;
  Für was drein geht und nicht drein geht,
  Ein prächtig Wort zu Diensten steht.
  Doch vorerst dieses halbe Jahr
  Nehmt ja der besten Ordnung wahr. 1955
  Fünf Stunden habt Ihr jeden Tag;
  Seid drinnen mit dem Glockenschlag!
  Habt Euch vorher wohl präpariert,
  Paragraphos wohl einstudiert,
  Damit Ihr nachher besser seht, 1960
  Dass er nichts sagt, als was im Buche steht;
  Doch Euch des Schreibens ja befleißt,
  Als diktiert' Euch der Heilig Geist!
SCHÜLER. Das sollt Ihr mir nicht zweimal sagen!
  Ich denke mir wie viel es nützt; 1965
  Denn, was man schwarz auf weiß besitzt,
  Kann man getrost nach Hause tragen.
MEPHISTOPHELES. Doch wählt mir eine Fakultät!
SCHÜLER.
  Zur Rechtsgelehrsamkeit kann ich mich nicht bequemen.
MEPHISTOPHELES.
  Ich kann es Euch so sehr nicht übel nehmen, 1970
  Ich weiß wie es um diese Lehre steht.
  Es erben sich Gesetz' und Rechte
  Wie eine ew'ge Krankheit fort;
  Sie schleppen von Geschlecht sich zum Geschlechte,
  Und rücken sacht von Ort zu Ort. 1975
  Vernunft wird Unsinn, Wohltat Plage;
  Weh dir, dass du ein Enkel bist!
  Vom Rechte, das mit uns geboren ist,
  Von dem ist leider! nie die Frage.

SCHÜLER. Mein Abscheu wird durch Euch vermehrt.   1980
  O glücklich der! den Ihr belehrt.
  Fast möcht ich nun Theologie studieren.
MEPHISTOPHELES. Ich wünschte nicht Euch irrezuführen.
  Was diese Wissenschaft betrifft,
  Es ist so schwer den falschen Weg zu meiden,   1985
  Es liegt in ihr so viel verborgnes Gift,
  Und von der Arzenei ist's kaum zu unterscheiden.
  Am besten ist's auch hier, wenn Ihr nur Einen hört,
  Und auf des Meisters Worte schwört.
  Im Ganzen – haltet Euch an Worte!   1990
  Dann geht Ihr durch die sichre Pforte
  Zum Tempel der Gewissheit ein.
SCHÜLER. Doch ein Begriff muss bei dem Worte sein.
MEPHISTOPHELES.
  Schon gut! Nur muss man sich nicht allzu ängstlich quälen;
  Denn eben wo Begriffe fehlen,   1995
  Da stellt ein Wort zur rechten Zeit sich ein.
  Mit Worten lässt sich trefflich streiten,
  Mit Worten ein System bereiten,
  An Worte lässt sich trefflich glauben,
  Von einem Wort lässt sich kein Jota rauben.   2000
SCHÜLER. Verzeiht, ich halt Euch auf mit vielen Fragen,
  Allein ich muss Euch noch bemühn.
  Wollt Ihr mir von der Medizin
  Nicht auch ein kräftig Wörtchen sagen?
  Drei Jahr ist eine kurze Zeit,   2005
  Und, Gott! das Feld ist gar zu weit.
  Wenn man einen Fingerzeig nur hat,
  Lässt sich's schon eher weiter fühlen.
MEPHISTOPHELES *(für sich).*
  Ich bin des trocknen Tons nun satt,
  Muss wieder recht den Teufel spielen.   2010
  (Laut.) Der Geist der Medizin ist leicht zu fassen;
  Ihr durchstudiert die groß' und kleine Welt
  Um es am Ende gehn zu lassen,
  Wie's Gott gefällt.
  Vergebens dass Ihr ringsum wissenschaftlich schweift,   2015
  Ein jeder lernt nur was er lernen kann;
  Doch der den Augenblick ergreift,
  Das ist der rechte Mann.

Ihr seid noch ziemlich wohlgebaut,
An Kühnheit wird's Euch auch nicht fehlen, 2020
Und wenn Ihr Euch nur selbst vertraut,
Vertrauen Euch die andern Seelen.
Besonders lernt die Weiber führen;
Es ist ihr ewig Weh und Ach
So tausendfach 2025
Aus Einem Punkte zu kurieren,
Und wenn Ihr halbweg ehrbar tut,
Dann habt Ihr sie all unterm Hut.
Ein Titel muss sie erst vertraulich machen,
Dass Eure Kunst viel Künste übersteigt; 2030
Zum Willkomm' tappt Ihr dann nach allen Siebensachen,
Um die ein andrer viele Jahre streicht,
Versteht das Pülslein wohl zu drücken,
Und fasset sie, mit feurig schlauen Blicken,
Wohl um die schlanke Hüfte frei, 2035
Zu sehn, wie fest geschnürt sie sei.
SCHÜLER.
    Das sieht schon besser aus! Man sieht doch wo und wie?
MEPHISTOPHELES. Grau, teurer Freund, ist alle Theorie,
    Und grün des Lebens goldner Baum.
SCHÜLER. Ich schwör Euch zu, mir ist's als wie ein Traum. 2040
    Dürft ich Euch wohl ein andermal beschweren,
    Von Eurer Weisheit auf den Grund zu hören?
MEPHISTOPHELES. Was ich vermag, soll gern geschehn.
SCHÜLER. Ich kann unmöglich wieder gehn,
    Ich muss Euch noch mein Stammbuch überreichen. 2045
    Gönn' Eure Gunst mir dieses Zeichen!
MEPHISTOPHELES. Sehr wohl. *(Er schreibt und gibt's.)*
SCHÜLER *(liest).* Eritis sicut Deus, scientes bonum et malum.
    (Macht's ehrerbietig zu und empfiehlt sich.)
MEPHISTOPHELES.
    Folg nur dem alten Spruch und meiner Muhme der Schlange,
    Dir wird gewiss einmal bei deiner Gottähnlichkeit bange!

FAUST *tritt auf.*

FAUST. Wohin soll es nun gehn?
MEPHISTOPHELES.   Wohin es dir gefällt. 2051
    Wir sehn die kleine, dann die große Welt.

Mit welcher Freude, welchem Nutzen,
Wirst du den Cursum durchschmarutzen!
FAUST. Allein bei meinem langen Bart   2055
Fehlt mir die leichte Lebensart.
Es wird mir der Versuch nicht glücken;
Ich wusste nie mich in die Welt zu schicken,
Vor andern fühl ich mich so klein;
Ich werde stets verlegen sein.   2060
MEPHISTOPHELES.
Mein guter Freund, das wird sich alles geben;
Sobald du dir vertraust, so bald weißt du zu leben.
FAUST. Wie kommen wir denn aus dem Haus?
Wo hast du Pferde, Knecht und Wagen?
MEPHISTOPHELES. Wir breiten nur den Mantel aus,   2065
Der soll uns durch die Lüfte tragen.
Du nimmst bei diesem kühnen Schritt
Nur keinen großen Bündel mit.
Ein bisschen Feuerluft, die ich bereiten werde,
Hebt uns behend von dieser Erde.   2070
Und sind wir leicht, so geht es schnell hinauf;
Ich gratuliere dir zum neuen Lebenslauf.

Auerbachs Keller in Leipzig

Zeche lustiger Gesellen.

FROSCH. Will keiner trinken? keiner lachen?
Ich will euch lehren Gesichter machen!
Ihr seid ja heut wie nasses Stroh,   2075
Und brennt sonst immer lichterloh.
BRANDER. Das liegt an dir; du bringst ja nichts herbei,
Nicht eine Dummheit, keine Sauerei.
FROSCH *(gießt ihm ein Glas Wein über den Kopf)*.
Da hast du beides!
BRANDER.   Doppelt Schwein!
FROSCH. Ihr wollt es ja, man soll es sein!   2080
SIEBEL. Zur Tür hinaus wer sich entzweit!
Mit offner Brust singt Runda, sauft und schreit
Auf! Holla! Ho!
ALTMAYER.   Weh mir, ich bin verloren!
Baumwolle her! der Kerl sprengt mir die Ohren.

SIEBEL. Wenn das Gewölbe widerschallt,   2085
  Fühlt man erst recht des Basses Grundgewalt.
FROSCH. So recht, hinaus mit dem der etwas übel nimmt!
  A! tara lara da!
ALTMAYER. A! tara lara da!
FROSCH.   Die Kehlen sind gestimmt.
  (Singt.) Das liebe, heil'ge Röm'sche Reich,   2090
      Wie hält's nur noch zusammen?
BRANDER. Ein garstig Lied! Pfui! ein politisch Lied!
  Ein leidig Lied! Dankt Gott mit jedem Morgen
  Dass ihr nicht braucht fürs Röm'sche Reich zu sorgen!
  Ich halt es wenigstens für reichlichen Gewinn,   2095
  Dass ich nicht Kaiser oder Kanzler bin.
  Doch muss auch uns ein Oberhaupt nicht fehlen;
  Wir wollen einen Papst erwählen.
  Ihr wisst, welch eine Qualität
  Den Ausschlag gibt, den Mann erhöht.   2100
FROSCH *(singt)*. Schwing dich auf, Frau Nachtigall,
    Grüß mir mein Liebchen zehentausendmal.
SIEBEL.
  Dem Liebchen keinen Gruß! Ich will davon nichts hören!
FROSCH. Dem Liebchen Gruß und Kuss! du wirst mir's nicht
                  verwehren!
  (Singt.) Riegel auf! in stiller Nacht.   2105
      Riegel auf! der Liebste wacht.
      Riegel zu! des Morgens früh.
SIEBEL. Ja, singe, singe nur, und lob und rühme sie!
  Ich will zu meiner Zeit schon lachen.
  Sie hat mich angeführt, dir wird sie's auch so machen.   2110
  Zum Liebsten sei ein Kobold ihr beschert!
  Der mag mit ihr auf einem Kreuzweg schäkern;
  Ein alter Bock, wenn er vom Blocksberg kehrt,
  Mag im Galopp noch gute Nacht ihr meckern!
  Ein braver Kerl von echtem Fleisch und Blut   2115
  Ist für die Dirne viel zu gut.
  Ich will von keinem Gruße wissen,
  Als ihr die Fenster eingeschmissen!
BRANDER *(auf den Tisch schlagend)*.
  Passt auf! passt auf! Gehorchet mir!
  Ihr Herrn gesteht, ich weiß zu leben;   2120
  Verliebte Leute sitzen hier,

Und diesen muss, nach Standsgebühr,
Zur guten Nacht ich was zum Besten geben.
Gebt Acht! Ein Lied vom neusten Schnitt!
Und singt den Rundreim kräftig mit! 2125
(Er singt.) Es war eine Ratt im Kellernest,
   Lebte nur von Fett und Butter,
   Hatte sich ein Ränzlein angemäst't,
   Als wie der Doktor Luther.
   Die Köchin hatt ihr Gift gestellt; 2130
   Da ward's so eng ihr in der Welt,
   Als hätte sie Lieb im Leibe.
CHORUS *(jauchzend)*. Als hätte sie Lieb im Leibe.
BRANDER. Sie fuhr herum, sie fuhr heraus,
   Und soff aus allen Pfützen, 2135
   Zernagt', zerkratzt' das ganze Haus,
   Wollte nichts ihr Wüten nützen;
   Sie tät gar manchen Ängstesprung,
   Bald hatte das arme Tier genung,
   Als hätt es Lieb im Leibe. 2140
CHORUS. Als hätt es Lieb im Leibe.
BRANDER. Sie kam vor Angst am hellen Tag
   Der Küche zugelaufen,
   Fiel an den Herd und zuckt' und lag,
   Und tät erbärmlich schnaufen. 2145
   Da lachte die Vergifterin noch;
   Ha! sie pfeift auf dem letzten Loch,
   Als hätte sie Lieb im Leibe.
CHORUS. Als hätte sie Lieb im Leibe.
SIEBEL. Wie sich die platten Bursche freuen! 2150
 Es ist mir eine rechte Kunst,
 Den armen Ratten Gift zu streuen!
BRANDER. Sie stehn wohl sehr in deiner Gunst?
ALTMAYER. Der Schmerbauch mit der kahlen Platte!
 Das Unglück macht ihn zahm und mild; 2155
 Er sieht in der geschwollnen Ratte
 Sein ganz natürlich Ebenbild.

FAUST *und* MEPHISTOPHELES.

MEPHISTOPHELES. Ich muss dich nun vor allen Dingen
 In lustige Gesellschaft bringen,

Damit du siehst wie leicht sich's leben lässt.   2160
Dem Volke hier wird jeder Tag ein Fest.
Mit wenig Witz und viel Behagen
Dreht jeder sich im engen Zirkeltanz,
Wie junge Katzen mit dem Schwanz.
Wenn sie nicht über Kopfweh klagen,   2165
So lang der Wirt nur weiter borgt,
Sind sie vergnügt und unbesorgt.
BRANDER. Die kommen eben von der Reise,
Man sieht's an ihrer wunderlichen Weise;
Sie sind nicht eine Stunde hier.   2170
FROSCH.
Wahrhaftig du hast Recht! Mein Leipzig lob ich mir!
Es ist ein klein Paris, und bildet seine Leute.
SIEBEL. Für was siehst du die Fremden an?
FROSCH. Lass mich nur gehn! Bei einem vollen Glase,
Zieh ich, wie einen Kinderzahn,   2175
Den Burschen leicht die Würmer aus der Nase.
Sie scheinen mir aus einem edlen Haus,
Sie sehen stolz und unzufrieden aus.
BRANDER. Marktschreier sind's gewiss, ich wette!
ALTMAYER. Vielleicht.
FROSCH.   Gib Acht, ich schraube sie!   2180
MEPHISTOPHELES *(zu Faust).*
Den Teufel spürt das Völkchen nie,
Und wenn er sie beim Kragen hätte.
FAUST. Seid uns gegrüßt, ihr Herrn!
SIEBEL.   Viel Dank zum Gegengruß.
(Leise, Mephistopheles von der Seite ansehend.)
Was hinkt der Kerl auf Einem Fuß?
MEPHISTOPHELES.
Ist es erlaubt, uns auch zu euch zu setzen?   2185
Statt eines guten Trunks, den man nicht haben kann,
Soll die Gesellschaft uns ergetzen.
ALTMAYER. Ihr scheint ein sehr verwöhnter Mann.
FROSCH.
Ihr seid wohl spät von Rippach aufgebrochen?
Habt ihr mit Herren Hans noch erst zu Nacht gespeist?   2190
MEPHISTOPHELES.
Heut sind wir ihn vorbeigereist!
Wir haben ihn das letzte Mal gesprochen.

Von seinen Vettern wusst er viel zu sagen,
Viel Grüße hat er uns an jeden aufgetragen.
(Er neigt sich gegen Frosch.)

ALTMAYER *(leise).*
  Da hast du's! der versteht's!

SIEBEL.   Ein pfiffiger Patron!   2195

FROSCH. Nun, warte nur, ich krieg ihn schon!

MEPHISTOPHELES. Wenn ich nicht irrte, hörten wir
  Geübte Stimmen Chorus singen?
  Gewiss, Gesang muss trefflich hier
  Von dieser Wölbung widerklingen!   2200

FROSCH. Seid Ihr wohl gar ein Virtuos?

MEPHISTOPHELES.
  O nein! die Kraft ist schwach, allein die Lust ist groß.

ALTMAYER. Gebt uns ein Lied!

MEPHISTOPHELES.   Wenn ihr begehrt, die Menge.

SIEBEL. Nur auch ein nagelneues Stück!

MEPHISTOPHELES. Wir kommen erst aus Spanien zurück,   2205
  Dem schönen Land des Weins und der Gesänge.
  (Singt.) Es war einmal ein König,
       Der hatt einen großen Floh –

FROSCH. Horcht! Einen Floh! Habt ihr das wohl gefaßt?
  Ein Floh ist mir ein saubrer Gast.   2210

MEPHISTOPHELES *(singt).* Es war einmal ein König,
         Der hatt einen großen Floh,
         Den liebt' er gar nicht wenig,
         Als wie seinen eignen Sohn.
         Da rief er seinen Schneider,   2215
         Der Schneider kam heran:
         Da, miss dem Junker Kleider,
         Und miss ihm Hosen an!

BRANDER.
  Vergesst nur nicht dem Schneider einzuschärfen,
  Dass er mir aufs Genauste misst,   2220
  Und dass, so lieb sein Kopf ihm ist,
  Die Hosen keine Falten werfen!

MEPHISTOPHELES. In Sammet und in Seide
         War er nun angetan,
         Hatte Bänder auf dem Kleide,   2225
         Hatt auch ein Kreuz daran,
         Und war sogleich Minister,

Und hatt einen großen Stern.
Da wurden seine Geschwister
Bei Hof auch große Herrn.   2230

Und Herrn und Fraun am Hofe,
Die waren sehr geplagt,
Die Königin und die Zofe
Gestochen und genagt,
Und durften sie nicht knicken,   2235
Und weg sie jucken nicht.
Wir knicken und ersticken
Doch gleich wenn einer sticht.

CHORUS *(jauchzend)*. Wir knicken und ersticken
    Doch gleich wenn einer sticht.   2240

FROSCH. Bravo! Bravo! Das war schön!

SIEBEL. So soll es jedem Floh ergehn!

BRANDER. Spitzt die Finger und packt sie fein!

ALTMAYER. Es lebe die Freiheit! Es lebe der Wein!

MEPHISTOPHELES.
    Ich tränke gern ein Glas, die Freiheit hoch zu ehren,   2245
    Wenn eure Weine nur ein bisschen besser wären.

SIEBEL. Wir mögen das nicht wieder hören!

MEPHISTOPHELES.
    Ich fürchte nur der Wirt beschweret sich;
    Sonst gäb ich diesen werten Gästen
    Aus unserm Keller was zum Besten.   2250

SIEBEL. Nur immer her! ich nehm's auf mich.

FROSCH.
    Schafft Ihr ein gutes Glas, so wollen wir Euch loben.
    Nur gebt nicht gar zu kleine Proben;
    Denn wenn ich judizieren soll,
    Verlang ich auch das Maul recht voll.   2255

ALTMAYER *(leise)*. Sie sind vom Rheine, wie ich spüre.

MEPHISTOPHELES.
    Schafft einen Bohrer an!

BRANDER.   Was soll mit dem geschehn?
    Ihr habt doch nicht die Fässer vor der Türe?

ALTMAYER.
    Dahinten hat der Wirt ein Körbchen Werkzeug stehn.

MEPHISTOPHELES *(nimmt den Bohrer. Zu Frosch)*.
    Nun sagt, was wünschet Ihr zu schmecken?   2260

FROSCH. Wie meint Ihr das? Habt Ihr so mancherlei?

MEPHISTOPHELES. Ich stell es einem jeden frei.

ALTMAYER *(zu Frosch).*

　Aha, du fängst schon an die Lippen abzulecken.

FROSCH.

　Gut! wenn ich wählen soll, so will ich Rheinwein haben.

　Das Vaterland verleiht die allerbesten Gaben.　　　　　2265

MEPHISTOPHELES *(indem er an dem Platz, wo Frosch sitzt,*
ein Loch in den Tischrand bohrt).

　Verschafft uns wenig Wachs, die Pfropfen gleich zu machen!

ALTMAYER. Ach das sind Taschenspielersachen.

MEPHISTOPHELES *(zu Brander).*

　Und Ihr?

BRANDER.　Ich will Champagner Wein,

　Und recht moussierend soll er sein!

　(Mephistopheles bohrt; einer hat indessen die Wachspfropfen
　gemacht und verstopft.)

　Man kann nicht stets das Fremde meiden,　　　　　2270

　Das Gute liegt uns oft so fern.

　Ein echter deutscher Mann mag keinen Franzen leiden,

　Doch ihre Weine trinkt er gern.

SIEBEL *(indem sich Mephistopheles seinem Platze nähert).*

　Ich muss gestehn, den sauren mag ich nicht,

　Gebt mir ein Glas vom echten süßen!　　　　　2275

MEPHISTOPHELES *(bohrt).* Euch soll sogleich Tokayer fließen.

ALTMAYER. Nein, Herren, seht mir ins Gesicht!

　Ich seh es ein, ihr habt uns nur zum Besten.

MEPHISTOPHELES. Ei! Ei! Mit solchen edlen Gästen

　Wär es ein bisschen viel gewagt.　　　　　2280

　Geschwind! Nur grad heraus gesagt!

　Mit welchem Weine kann ich dienen?

ALTMAYER. Mit jedem! Nur nicht lang gefragt.

　(Nachdem die Löcher alle gebohrt und verstopft sind.)

MEPHISTOPHELES *(mit seltsamen Gebärden).*

　　　Trauben trägt der Weinstock!

　　　Hörner der Ziegenbock;　　　　　2285

　　　Der Wein ist saftig, Holz die Reben,

　　　Der hölzerne Tisch kann Wein auch geben.

　　　Ein tiefer Blick in die Natur!

　　　Hier ist ein Wunder, glaubet nur!

　Nun zieht die Pfropfen und genießt!　　　　　2290

ALLE *(indem sie die Pfropfen ziehen, und jedem der verlangte Wein ins Glas läuft).*

O schöner Brunnen, der uns fließt!

MEPHISTOPHELES.

Nur hütet euch, dass ihr mir nichts vergießt!

(Sie trinken wiederholt.)

ALLE *(singen).* Uns ist ganz kannibalisch wohl,

        Als wie fünfhundert Säuen!

MEPHISTOPHELES.

Das Volk ist frei, seht an, wie wohl's ihm geht!   2295

FAUST. Ich hätte Lust nun abzufahren.

MEPHISTOPHELES.

Gib nur erst Acht, die Bestialität

Wird sich gar herrlich offenbaren.

SIEBEL *(trinkt unvorsichtig, der Wein fließt auf die Erde, und wird zur Flamme).*

Helft! Feuer! Helft! Die Hölle brennt!

MEPHISTOPHELES *(die Flamme besprechend).*

Sei ruhig, freundlich Element! *(Zu dem Gesellen.)*   2300

Für diesmal war es nur ein Tropfen Fegefeuer.

SIEBEL. Was soll das sein? Wart! Ihr bezahlt es teuer!

Es scheinet, dass Ihr uns nicht kennt.

FROSCH. Lass' Er uns das zum zweiten Male bleiben!

ALTMAYER.

Ich dächt, wir hießen ihn ganz sachte seitwärts gehn.   2305

SIEBEL. Was Herr? Er will sich unterstehn,

Und hier sein Hokuspokus treiben?

MEPHISTOPHELES. Still, altes Weinfass!

SIEBEL.   Besenstiel!

Du willst uns gar noch grob begegnen?

BRANDER. Wart nur! Es sollen Schläge regnen!   2310

ALTMAYER *(zieht einen Pfropf aus dem Tisch, es springt ihm Feuer entgegen).* Ich brenne! ich brenne!

SIEBEL.   Zauberei!

Stoßt zu! der Kerl ist vogelfrei!

(Sie ziehen die Messer und gehn auf Mephistopheles los.)

MEPHISTOPHELES *(mit ernsthafter Gebärde).*

        Falsch Gebild und Wort

        Verändern Sinn und Ort!

        Seid hier und dort!   2315

(Sie stehn erstaunt und sehn einander an.)

ALTMAYER. Wo bin ich? Welches schöne Land?

FROSCH. Weinberge! Seh ich recht?

SIEBEL.   Und Trauben gleich zur Hand!

BRANDER. Hier unter diesem grünen Laube,
  Seht, welch ein Stock! Seht, welche Traube!
  (Er fasst Siebeln bei der Nase. Die andern tun es wechselseitig
  und heben die Messer.)

MEPHISTOPHELES *(wie oben).*
  Irrtum, lass los der Augen Band!   2320
  Und merkt euch wie der Teufel spaße.
  (Er verschwindet mit Faust, die Gesellen fahren auseinander.)

SIEBEL. Was gibt's?

ALTMAYER.   Wie?

FROSCH.   War das deine Nase?

BRANDER *(zu Siebel).* Und deine hab ich in der Hand!

ALTMAYER. Es war ein Schlag, der ging durch alle Glieder!
  Schafft einen Stuhl, ich sinke nieder!   2325

FROSCH. Nein, sagt mir nur, was ist geschehn?

SIEBEL. Wo ist der Kerl? Wenn ich ihn spüre,
  Er soll mir nicht lebendig gehn!

ALTMAYER. Ich hab ihn selbst hinaus zur Kellertüre –
  Auf einem Fasse reiten sehn – –   2330
  Es liegt mir bleischwer in den Füßen.
  (Sich nach dem Tische wendend.)
  Mein! Sollte wohl der Wein noch fließen?

SIEBEL. Betrug war alles, Lug und Schein.

FROSCH. Mir deuchte doch als tränk ich Wein.

BRANDER. Aber wie war es mit den Trauben?   2335

ALTMAYER.
  Nun sag' mir eins, man soll kein Wunder glauben!

Hexenküche

Auf einem niedrigen Herde steht ein großer Kessel über dem Feuer.
In dem Dampfe, der davon in die Höhe steigt, zeigen sich verschie-
dene Gestalten. EINE MEERKATZE *sitzt bei dem Kessel und schäumt*
ihn, und sorgt dass er nicht überläuft. DER MEERKATER *mit den Jun-*
gen sitzt darneben und wärmt sich, Wände und Decke sind mit dem
seltsamsten Hexenhausrat ausgeschmückt.

FAUST. MEPHISTOPHELES.

FAUST. Mir widersteht das tolle Zauberwesen;
  Versprichst du mir, ich soll genesen,
  In diesem Wust von Raserei?
  Verlang ich Rat von einem alten Weibe?   2340
  Und schafft die Sudelköcherei
  Wohl dreißig Jahre mir vom Leibe?
  Weh mir, wenn du nichts Bessers weißt!
  Schon ist die Hoffnung mir verschwunden.
  Hat die Natur und hat ein edler Geist   2345
  Nicht irgendeinen Balsam ausgefunden?
MEPHISTOPHELES.
  Mein Freund, nun sprichst du wieder klug!
  Doch zu verjüngen gibt's auch ein natürlich Mittel;
  Allein es steht in einem andern Buch,
  Und ist ein wunderlich Kapitel.   2350
FAUST. Ich will es wissen.
MEPHISTOPHELES.   Gut! Ein Mittel, ohne Geld
  Und Arzt und Zauberei, zu haben:
  Begib dich gleich hinaus aufs Feld,
  Fang an zu hacken und zu graben,
  Erhalte dich und deinen Sinn   2355
  In einem ganz beschränkten Kreise,
  Ernähre dich mit ungemischter Speise,
  Leb mit dem Vieh als Vieh, und acht es nicht für Raub,
  Den Acker, den du erntest, selbst zu düngen;
  Das ist das beste Mittel, glaub,   2360
  Auf achtzig Jahr dich zu verjüngen!
FAUST.
  Das bin ich nicht gewöhnt, ich kann mich nicht bequemen,
  Den Spaten in die Hand zu nehmen.
  Das enge Leben steht mir gar nicht an.
MEPHISTOPHELES. So muss denn doch die Hexe dran. 2365
FAUST. Warum denn just das alte Weib!
  Kannst du den Trank nicht selber brauen?
MEPHISTOPHELES. Das wär ein schöner Zeitvertreib!
  Ich wollt' indes wohl tausend Brücken bauen.
  Nicht Kunst und Wissenschaft allein,   2370
  Geduld will bei dem Werke sein.
  Ein stiller Geist ist jahrelang geschäftig;

Die Zeit nur macht die feine Gärung kräftig.
Und alles was dazu gehört
Es sind gar wunderbare Sachen! 2375
Der Teufel hat sie's zwar gelehrt;
Allein der Teufel kann's nicht machen.
(Die Tiere erblickend.)
Sieh, welch ein zierliches Geschlecht!
Das ist die Magd! das ist der Knecht!
(Zu den Tieren.)
Es scheint, die Frau ist nicht zu Hause? 2380
DIE TIERE. Beim Schmause,
Aus dem Haus
Zum Schornstein hinaus!
MEPHISTOPHELES.
Wie lange pflegt sie wohl zu schwärmen?
DIE TIERE. So lange wir uns die Pfoten wärmen. 2385
MEPHISTOPHELES *(zu Faust)*.
Wie findest du die zarten Tiere?
FAUST. So abgeschmackt als ich nur jemand sah!
MEPHISTOPHELES. Nein, ein Discours wie dieser da,
Ist grade der den ich am liebsten führe!
(Zu den Tieren.) So sagt mir doch, verfluchte Puppen! 2390
Was quirlt ihr in dem Brei herum?
DIE TIERE. Wir kochen breite Bettelsuppen.
MEPHISTOPHELES. Da habt ihr ein groß Publikum.
DER KATER *(macht sich herbei und schmeichelt dem Mephistopheles)*.
O würfle nur gleich
Und mache mich reich, 2395
Und lass mich gewinnen!
Gar schlecht ist's bestellt,
Und wär ich bei Geld,
So wär ich bei Sinnen.
MEPHISTOPHELES.
Wie glücklich würde sich der Affe schätzen, 2400
Könnt er nur auch ins Lotto setzen!
(Indessen haben die jungen Meerkätzchen mit einer großen Kugel gespielt und rollen sie hervor.)
DER KATER. Das ist die Welt;
Sie steigt und fällt
Und rollt beständig;
Sie klingt wie Glas: 2405

Wie bald bricht das?
Ist hohl inwendig.
Hier glänzt sie sehr,
Und hier noch mehr,
Ich bin lebendig!   2410
Mein lieber Sohn,
Halt dich davon!
Du musst sterben!
Sie ist von Ton,
Es gibt Scherben.   2415

MEPHISTOPHELES. Was soll das Sieb?

DER KATER *(holt es herunter).*
Wärst du ein Dieb,
Wollt' ich dich gleich erkennen.
(Er läuft zur Kätzin und lässt sie durchsehen.)
Sieh durch das Sieb!
Erkennst du den Dieb,   2420
Und darfst ihn nicht nennen?

MEPHISTOPHELES *(sich dem Feuer nähernd).*
Und dieser Topf?

KATER und KÄTZIN. Der alberne Tropf!
Er kennt nicht den Topf,
Er kennt nicht den Kessel!   2425

MEPHISTOPHELES. Unhöfliches Tier!

DER KATER. Den Wedel nimm hier,
Und setz dich in Sessel!
(Er nötigt den Mephistopheles zu sitzen.)

FAUST *(welcher diese Zeit über vor einem Spiegel gestanden,
sich ihm bald genähert, bald sich von ihm entfernt hat).*
Was seh ich? Welch ein himmlisch Bild
Zeigt sich in diesem Zauberspiegel!   2430
O Liebe, leihe mir den schnellsten deiner Flügel,
Und führe mich in ihr Gefild!
Ach wenn ich nicht auf dieser Stelle bleibe,
Wenn ich es wage nah zu gehn,
Kann ich sie nur als wie im Nebel sehn! –   2435
Das schönste Bild von einem Weibe!
Ist's möglich, ist das Weib so schön?
Muss ich an diesem hingestreckten Leibe
Den Inbegriff von allen Himmeln sehn?
So etwas findet sich auf Erden?   2440

MEPHISTOPHELES.

Natürlich, wenn ein Gott sich erst sechs Tage plagt,
Und selbst am Ende Bravo sagt,
Da muss es was Gescheites werden.
Für diesmal sieh dich immer satt;
Ich weiß dir so ein Schätzchen auszuspüren,　　　　2445
Und selig wer das gute Schicksal hat,
Als Bräutigam sie heimzuführen!
*(Faust sieht immerfort in den Spiegel. Mephistopheles, sich in dem
Sessel dehnend und mit dem Wedel spielend, fährt fort zu sprechen.)*
Hier sitz ich wie der König auf dem Throne,
Den Zepter halt ich hier, es fehlt nur noch die Krone.

DIE TIERE *(welche bisher allerlei wunderliche Bewegungen
durcheinander gemacht haben, bringen dem Mephistopheles
eine Krone mit großem Geschrei).*

O sei doch so gut,　　　　2450
Mit Schweiß und mit Blut
Die Krone zu leimen!
*(Sie gehn ungeschickt mit der Krone um und zerbrechen sie in
zwei Stücke, mit welchen sie herumspringen.)*
Nun ist es geschehn!
Wir reden und sehn,
Wir hören und reimen;　　　　2455

FAUST *(gegen den Spiegel).*

Weh mir! ich werde schier verrückt.

MEPHISTOPHELES *(auf die Tiere deutend).*

Nun fängt mir an fast selbst der Kopf zu schwanken.

DIE TIERE. Und wenn es uns glückt,
Und wenn es sich schickt,
So sind es Gedanken!　　　　2460

FAUST *(wie oben).* Mein Busen fängt mir an zu brennen!
Entfernen wir uns nur geschwind!

MEPHISTOPHELES *(in obiger Stellung).*

Nun, wenigstens muss man bekennen,
Dass es aufrichtige Poeten sind.
*(Der Kessel, welchen die Kätzin bisher außer Acht gelassen,
fängt an überzulaufen; es entsteht eine große Flamme, welche
zum Schornstein hinausschlägt. DIE HEXE kommt durch die
Flamme mit entsetzlichem Geschrei heruntergefahren.)*

DIE HEXE. Au! Au! Au! Au!　　　　2465
Verdammtes Tier! verfluchte Sau!

Versäumt den Kessel, versengst die Frau!
Verfluchtes Tier! *(Faust und Mephistopheles erblickend.)*
Was ist das hier?
Wer seid ihr hier? 2470
Was wollt ihr da?
Wer schlich sich ein?
Die Feuerpein
Euch ins Gebein!
*(Sie fährt mit dem Schaumlöffel in den Kessel und spritzt Flammen
nach Faust, Mephistopheles und den Tieren. Die Tiere winseln.)*
MEPHISTOPHELES *(welcher den Wedel, den er in der Hand hält,
umkehrt, und unter die Gläser und Töpfe schlägt).*
Entzwei! entzwei! 2475
Da liegt der Brei!
Da liegt das Glas!
Es ist nur Spaß,
Der Takt, du Aas,
Zu deiner Melodei. 2480
(Indem die Hexe voll Grimm und Entsetzen zurücktritt.)
Erkennst du mich? Gerippe! Scheusal du!
Erkennst du deinen Herrn und Meister?
Was hält mich ab, so schlag ich zu,
Zerschmettre dich und deine Katzen-Geister!
Hast du vorm roten Wams nicht mehr Respekt? 2485
Kannst du die Hahnenfeder nicht erkennen?
Hab ich dies Angesicht versteckt?
Soll ich mich etwa selber nennen?
DIE HEXE. O Herr, verzeiht den rohen Gruß!
Seh ich doch keinen Pferdefuß. 2490
Wo sind denn Eure beiden Raben?
MEPHISTOPHELES. Für diesmal kommst du so davon;
Denn freilich ist es eine Weile schon,
Dass wir uns nicht gesehen haben.
Auch die Kultur, die alle Welt beleckt, 2495
Hat auf den Teufel sich erstreckt;
Das nordische Phantom ist nun nicht mehr zu schauen;
Wo siehst du Hörner, Schweif und Klauen?
Und was den Fuß betrifft, den ich nicht missen kann,
Der würde mir bei Leuten schaden; 2500
Darum bedien ich mich, wie mancher junge Mann,
Seit vielen Jahren falscher Waden.

DIE HEXE *(tanzend)*.
>   Sinn und Verstand verlier ich schier,
>   Seh ich den Junker Satan wieder hier!

MEPHISTOPHELES. Den Namen, Weib, verbitt ich mir!   2505

DIE HEXE. Warum? Was hat er Euch getan?

MEPHISTOPHELES.
>   Er ist schon lang ins Fabelbuch geschrieben;
>   Allein die Menschen sind nichts besser dran,
>   Den Bösen sind sie los, die Bösen sind geblieben.
>   Du nennst mich Herr Baron, so ist die Sache gut;   2510
>   Ich bin ein Kavalier, wie andre Kavaliere.
>   Du zweifelst nicht an meinem edlen Blut;
>   Sieh her, das ist das Wappen, das ich führe!
>   *(Er macht eine unanständige Gebärde.)*

DIE HEXE *(lacht unmäßig)*. Ha! Ha! Das ist in Eurer Art!
>   Ihr seid ein Schelm, wie Ihr nur immer wart!   2515

MEPHISTOPHELES *(zu Faust)*.
>   Mein Freund, das lerne wohl verstehn!
>   Dies ist die Art mit Hexen umzugehn.

DIE HEXE. Nun sagt, ihr Herren, was ihr schafft.

MEPHISTOPHELES.
>   Ein gutes Glas von dem bekannten Saft,
>   Doch muss ich Euch ums älteste bitten;   2520
>   Die Jahre doppeln seine Kraft.

DIE HEXE. Gar gern! Hier hab ich eine Flasche,
>   Aus der ich selbst zuweilen nasche,
>   Die auch nicht mehr im Mindsten stinkt;
>   Ich will euch gern ein Gläschen geben.   2525
>   *(Leise.)* Doch wenn es dieser Mann unvorbereitet trinkt,
>   So kann er, wisst Ihr wohl, nicht eine Stunde leben.

MEPHISTOPHELES.
>   Es ist ein guter Freund, dem es gedeihen soll;
>   Ich gönn ihm gern das Beste deiner Küche.
>   Zieh deinen Kreis, sprich deine Sprüche,   2530
>   Und gib ihm eine Tasse voll!

DIE HEXE *(mit seltsamen Gebärden, zieht einen Kreis und stellt
wunderbare Sachen hinein; indessen fangen die Gläser an zu
klingen, die Kessel zu tönen, und machen Musik. Zuletzt
bringt sie ein großes Buch, stellt die Meerkatzen in den Kreis,
die ihr zum Pult dienen und die Fackel halten müssen. Sie
winkt Fausten, zu ihr zu treten).*

FAUST *(zu Mephistopheles).*
　Nein, sage mir, was soll das werden?
　Das tolle Zeug, die rasenden Gebärden,
　Der abgeschmackteste Betrug,
　Sind mir bekannt, verhasst genug.　　　　　　　　2535
MEPHISTOPHELES. Ei, Possen! Das ist nur zum Lachen;
　Sei nur nicht ein so strenger Mann!
　Sie muss als Arzt ein Hokuspokus machen,
　Damit der Saft dir wohl gedeihen kann.
　(Er nötigt Fausten in den Kreis zu treten.)
DIE HEXE *(mit großer Emphase fängt an aus dem Buche zu*
　deklamieren).　Du musst verstehn!　　　　　　2540
　　　　　　　　Aus Eins mach Zehn,
　　　　　　　　Und Zwei lass gehn,
　　　　　　　　Und Drei mach gleich,
　　　　　　　　So bist du reich.
　　　　　　　　Verlier die Vier!　　　　　　　　2545
　　　　　　　　Aus Fünf und Sechs,
　　　　　　　　So sagt die Hex,
　　　　　　　　Mach Sieben und Acht,
　　　　　　　　So ist's vollbracht:
　　　　　　　　Und Neun ist Eins,　　　　　　　　2550
　　　　　　　　Und Zehn ist keins.
　　　　　　　　Das ist das Hexen-Einmal-Eins!
FAUST. Mich dünkt, die Alte spricht im Fieber.
MEPHISTOPHELES. Das ist noch lange nicht vorüber,
　Ich kenn es wohl, so klingt das ganze Buch;　　　2555
　Ich habe manche Zeit damit verloren,
　Denn ein vollkommner Widerspruch
　Bleibt gleich geheimnisvoll für Kluge wie für Toren.
　Mein Freund, die Kunst ist alt und neu.
　Es war die Art zu allen Zeiten,　　　　　　　　2560
　Durch Drei und Eins, und Eins und Drei
　Irrtum statt Wahrheit zu verbreiten.
　So schwätzt und lehrt man ungestört;
　Wer will sich mit den Narr'n befassen?
　Gewöhnlich glaubt der Mensch, wenn er nur Worte hört, 2565
　Es müsse sich dabei doch auch was denken lassen.
DIE HEXE *(fährt fort).* Die hohe Kraft
　　　　　　　　Der Wissenschaft,
　　　　　　　　Der ganzen Welt verborgen!

  Und wer nicht denkt,   2570
  Dem wird sie geschenkt,
  Er hat sie ohne Sorgen.

FAUST. Was sagt sie uns für Unsinn vor?
 Es wird mir gleich der Kopf zerbrechen.
 Mich dünkt, ich hör ein ganzes Chor   2575
 Von hunderttausend Narren sprechen.

MEPHISTOPHELES. Genug, genug, o treffliche Sibylle!
 Gib deinen Trank herbei, und fülle
 Die Schale rasch bis an den Rand hinan;
 Denn meinem Freund wird dieser Trunk nicht schaden: 2580
 Er ist ein Mann von vielen Graden,
 Der manchen guten Schluck getan.

DIE HEXE *(mit vielen Zeremonien, schenkt den Trank in eine Schale;*
 wie sie Faust an den Mund bringt, entsteht eine leichte Flamme).

MEPHISTOPHELES. Nur frisch hinunter! Immer zu!
 Es wird dir gleich das Herz erfreuen.
 Bist mit dem Teufel du und du,   2585
 Und willst dich vor der Flamme scheuen?

DIE HEXE *(löst den Kreis. Faust tritt heraus).*

MEPHISTOPHELES. Nun frisch hinaus! Du darfst nicht ruhn.

DIE HEXE. Mög Euch das Schlückchen wohl behagen!

MEPHISTOPHELES *(zur Hexe).*
 Und kann ich dir was zu Gefallen tun;
 So darfst du mir's nur auf Walpurgis sagen.   2590

DIE HEXE. Hier ist ein Lied! wenn Ihr's zuweilen singt,
 So werdet Ihr besondre Wirkung spüren.

MEPHISTOPHELES *(zu Faust).*
 Komm nur geschwind und lass dich führen;
 Du musst notwendig transpirieren,
 Damit die Kraft durch Inn- und Äußres dringt.   2595
 Den edlen Müßiggang lehr ich hernach dich schätzen,
 Und bald empfindest du mit innigem Ergetzen,
 Wie sich Cupido regt und hin und wider springt.

FAUST. Lass mich nur schnell noch in den Spiegel schauen!
 Das Frauenbild war gar zu schön!   2600

MEPHISTOPHELES.
 Nein! Nein! Du sollst das Muster aller Frauen
 Nun bald leibhaftig vor dir sehn.
 (Leise.) Du siehst, mit diesem Trank im Leibe,
 Bald Helenen in jedem Weibe.

Straße

FAUST. MARGARETE *vorübergehend.*

FAUST. Mein schönes Fräulein, darf ich wagen,   2605
  Meinen Arm und Geleit Ihr anzutragen?
MARGARETE.
  Bin weder Fräulein, weder schön,
  Kann ungeleitet nach Hause gehn.
  (Sie macht sich los und ab.)
FAUST. Beim Himmel, dieses Kind ist schön!
  So etwas hab ich nie gesehn.   2610
  Sie ist so sitt- und tugendreich,
  Und etwas schnippisch doch zugleich.
  Der Lippe Rot, der Wange Licht,
  Die Tage der Welt vergess ich's nicht!
  Wie sie die Augen niederschlägt,   2615
  Hat tief sich in mein Herz geprägt;
  Wie sie kurz angebunden war,
  Das ist nun zum Entzücken gar!

MEPHISTOPHELES *tritt auf.*

FAUST. Hör, du musst mir die Dirne schaffen!
MEPHISTOPHELES. Nun, welche?
FAUST.   Sie ging just vorbei.   2620
MEPHISTOPHELES. Da die? Sie kam von ihrem Pfaffen,
  Der sprach sie aller Sünden frei;
  Ich schlich mich hart am Stuhl vorbei,
  Es ist ein gar unschuldig Ding,
  Das eben für nichts zur Beichte ging;   2625
  Über die hab ich keine Gewalt!
FAUST. Ist über vierzehn Jahr doch alt.
MEPHISTOPHELES. Du sprichst ja wie Hans Liederlich,
  Der begehrt jede liebe Blum für sich,
  Und dünkelt ihm es wär kein Ehr   2630
  Und Gunst die nicht zu pflücken wär;
  Geht aber doch nicht immer an.
FAUST. Mein Herr Magister Lobesan,
  Lass' Er mich mit dem Gesetz in Frieden!
  Und das sag ich Ihm kurz und gut,   2635
  Wenn nicht das süße junge Blut

Heut Nacht in meinen Armen ruht;
So sind wir um Mitternacht geschieden.
MEPHISTOPHELES. Bedenk was gehn und stehen mag!
  Ich brauche wenigstens vierzehn Tag,   2640
  Nur die Gelegenheit auszuspüren.
FAUST. Hätt ich nur sieben Stunden Ruh,
  Brauchte den Teufel nicht dazu,
  So ein Geschöpfchen zu verführen.
MEPHISTOPHELES.
  Ihr sprecht schon fast wie ein Franzos;   2645
  Doch bitt ich, lasst's Euch nicht verdrießen:
  Was hilft's nur grade zu genießen?
  Die Freud ist lange nicht so groß,
  Als wenn Ihr erst herauf, herum,
  Durch allerlei Brimborium,   2650
  Das Püppchen geknetet und zugericht't,
  Wie's lehret manche welsche Geschicht.
FAUST. Hab Appetit auch ohne das.
MEPHISTOPHELES.
  Jetzt ohne Schimpf und ohne Spaß.
  Ich sag Euch, mit dem schönen Kind   2655
  Geht's ein für allemal nicht geschwind.
  Mit Sturm ist da nichts einzunehmen;
  Wir müssen uns zur List bequemen.
FAUST. Schaff mir etwas vom Engelsschatz!
  Führ mich an ihren Ruheplatz!   2660
  Schaff mir ein Halstuch von ihrer Brust,
  Ein Strumpfband meiner Liebeslust!
MEPHISTOPHELES. Damit Ihr seht, dass ich Eurer Pein
  Will förderlich und dienstlich sein;
  Wollen wir keinen Augenblick verlieren,   2665
  Will Euch noch heut in ihr Zimmer führen.
FAUST. Und soll sie sehn? sie haben?
MEPHISTOPHELES.   Nein!
  Sie wird bei einer Nachbarin sein.
  Indessen könnt Ihr ganz allein
  An aller Hoffnung künft'ger Freuden   2670
  In ihrem Dunstkreis satt Euch weiden.
FAUST. Können wir hin?
MEPHISTOPHELES.   Es ist noch zu früh.
FAUST. Sorg du mir für ein Geschenk für sie. *(Ab.)*

MEPHISTOPHELES.
 Gleich schenken? Das ist brav! Da wird er reüssieren!
 Ich kenne manchen schönen Platz   2675
 Und manchen altvergrabnen Schatz;
 Ich muss ein bisschen revidieren. *(Ab.)*

Abend

Ein kleines reinliches Zimmer

MARGARETE *ihre Zöpfe flechtend und aufbindend.*

MARGARETE. Ich gäb was drum, wenn ich nur wüsst
 Wer heut der Herr gewesen ist!
 Er sah gewiss recht wacker aus,   2680
 Und ist aus einem edlen Haus;
 Das konnt ich ihm an der Stirne lesen –
 Er wär auch sonst nicht so keck gewesen. *(Ab.)*

MEPHISTOPHELES. FAUST.

MEPHISTOPHELES. Herein, ganz leise, nur herein!
FAUST *(nach einigem Stillschweigen).*
 Ich bitte dich, lass mich allein!   2685
MEPHISTOPHELES *(herumspürend).*
 Nicht jedes Mädchen hält so rein. *(Ab.)*
FAUST *(rings aufschauend).*
 Willkommen süßer Dämmerschein!
 Der du dies Heiligtum durchwebst.
 Ergreif mein Herz, du süße Liebespein!
 Die du vom Tau der Hoffnung schmachtend lebst.   2690
 Wie atmet rings Gefühl der Stille,
 Der Ordnung, der Zufriedenheit!
 In dieser Armut welche Fülle!
 In diesem Kerker welche Seligkeit!
 (Er wirft sich auf den ledernen Sessel am Bette.)
 O nimm mich auf! der du die Vorwelt schon   2695
 Bei Freud und Schmerz im offnen Arm empfangen!
 Wie oft, ach! hat an diesem Väter-Thron
 Schon eine Schar von Kindern rings gehangen!
 Vielleicht hat, dankbar für den heil'gen Christ,

Mein Liebchen hier, mit vollen Kinderwangen,   2700
Dem Ahnherrn fromm die welke Hand geküsst.
Ich fühl, o Mädchen, deinen Geist
Der Füll und Ordnung um mich säuseln,
Der mütterlich dich täglich unterweist,
Den Teppich auf den Tisch dich reinlich breiten heißt,   2705
Sogar den Sand zu deinen Füßen kräuseln.
O liebe Hand! so göttergleich!
Die Hütte wird durch dich ein Himmelreich.
Und hier!
(Er hebt einen Bettvorhang auf.)
          Was fasst mich für ein Wonnegraus!
Hier möcht ich volle Stunden säumen.   2710
Natur! Hier bildetest in leichten Träumen
Den eingebornen Engel aus;
Hier lag das Kind! mit warmem Leben
Den zarten Busen angefüllt,
Und hier mit heilig reinem Weben   2715
Entwirkte sich das Götterbild!

Und du! Was hat dich hergeführt?
Wie innig fühl ich mich gerührt!
Was willst du hier? Was wird das Herz dir schwer?
Armsel'ger Faust! ich kenne dich nicht mehr.   2720

Umgibt mich hier ein Zauberduft?
Mich drang's so grade zu genießen,
Und fühle mich in Liebestraum zerfließen!
Sind wir ein Spiel von jedem Druck der Luft?

Und träte sie den Augenblick herein,   2725
Wie würdest du für deinen Frevel büßen!
Der große Hans, ach wie so klein!
Läg, hingeschmolzen, ihr zu Füßen.

MEPHISTOPHELES *(kommt).*
Geschwind! ich seh sie unten kommen.
FAUST. Fort! Fort! Ich kehre nimmermehr!   2730
MEPHISTOPHELES.
Hier ist ein Kästchen leidlich schwer,
Ich hab's woanders hergenommen.

Stellt's hier nur immer in den Schrein,
Ich schwör Euch, ihr vergehn die Sinnen;
Ich tat Euch Sächelchen hinein, 2735
Um eine andre zu gewinnen.
Zwar Kind ist Kind und Spiel ist Spiel.

FAUST. Ich weiß nicht soll ich?

MEPHISTOPHELES. Fragt Ihr viel?
Meint Ihr vielleicht den Schatz zu wahren?
Dann rat ich Eurer Lüsternheit, 2740
Die liebe schöne Tageszeit
Und mir die weitere Müh zu sparen.
Ich hoff nicht dass Ihr geizig seid!
Ich kratz den Kopf, reib an den Händen –
*(Er stellt das Kästchen in den Schrein und drückt das Schloss
wieder zu.)* Nur fort! geschwind! – 2745
Um Euch das süße junge Kind
Nach Herzens Wunsch und Will' zu wenden;
Und Ihr seht drein,
Als solltet Ihr in den Hörsaal hinein,
Als stünden grau leibhaftig vor Euch da 2750
Physik und Metaphysika!
Nur fort! – *(Ab.)*

MARGARETE *mit einer Lampe.*

MARGARETE. Es ist so schwül, so dumpfig hie
(sie macht das Fenster auf)
Und ist doch eben so warm nicht drauß'.
Es wird mir so, ich weiß nicht wie – 2755
Ich wollt', die Mutter käm nach Haus.
Mir läuft ein Schauer übern ganzen Leib –
Bin doch ein töricht furchtsam Weib!
(Sie fängt an zu singen, indem sie sich auszieht.)

Es war ein König in Thule
Gar treu bis an das Grab, 2760
Dem sterbend seine Buhle
Einen goldnen Becher gab.

Es ging ihm nichts darüber,
Er leert ihn jeden Schmaus;
Die Augen gingen ihm über, 2765
So oft er trank daraus.

Und als er kam zu sterben,
Zählt' er seine Städt im Reich,
Gönnt' alles seinem Erben,
Den Becher nicht zugleich.   2770

Er saß beim Königsmahle,
Die Ritter um ihn her,
Auf hohem Väter-Saale,
Dort auf dem Schloss am Meer.

Dort stand der alte Zecher,   2775
Trank letzte Lebensglut,
Und warf den heiligen Becher
Hinunter in die Flut.

Er sah ihn stürzen, trinken
Und sinken tief ins Meer,   2780
Die Augen täten ihm sinken,
Trank nie einen Tropfen mehr.

(Sie eröffnet den Schrein, ihre Kleider einzuräumen, und erblickt das Schmuckkästchen.)

Wie kommt das schöne Kästchen hier herein?
Ich schloss doch ganz gewiss den Schrein.
Es ist doch wunderbar! Was mag wohl drinne sein?   2785
Vielleicht bracht's jemand als ein Pfand,
Und meine Mutter lieh darauf.
Da hängt ein Schlüsselchen am Band,
Ich denke wohl ich mach es auf!
Was ist das? Gott im Himmel! Schau,   2790
So was hab ich mein' Tage nicht gesehn!
Ein Schmuck! Mit dem könnt eine Edelfrau
Am höchsten Feiertage gehn.
Wie sollte mir die Kette stehn?
Wem mag die Herrlichkeit gehören?   2795
(Sie putzt sich damit auf und tritt vor den Spiegel.)
Wenn nur die Ohrring' meine wären!
Man sieht doch gleich ganz anders drein.
Was hilft euch Schönheit, junges Blut?
Das ist wohl alles schön und gut,
Allein man lässt's auch alles sein;   2800

Man lobt euch halb mit Erbarmen.
Nach Golde drängt,
Am Golde hängt
Doch Alles. Ach wir Armen!

Spaziergang

FAUST *in Gedanken auf und ab gehend.*
Zu ihm MEPHISTOPHELES.

MEPHISTOPHELES.
  Bei aller verschmähten Liebe! Beim höllischen Elemente!   2805
  Ich wollt' ich wüsste was Ärgers, dass ich's fluchen könnte!
FAUST. Was hast? was kneipt dich denn so sehr?
  So kein Gesicht sah ich in meinem Leben!
MEPHISTOPHELES.
  Ich möcht mich gleich dem Teufel übergeben,
  Wenn ich nur selbst kein Teufel wär!   2810
FAUST. Hat sich dir was im Kopf verschoben?
  Dich kleidet's, wie ein Rasender zu toben!
MEPHISTOPHELES.
  Denkt nur, den Schmuck für Gretchen angeschafft,
  Den hat ein Pfaff hinweggerafft! –
  Die Mutter kriegt das Ding zu schauen,   2815
  Gleich fängt's ihr heimlich an zu grauen:
  Die Frau hat gar einen feinen Geruch,
  Schnuffelt immer im Gebetbuch,
  Und riecht's einem jeden Möbel an,
  Ob das Ding heilig ist oder profan;   2820
  Und an dem Schmuck da spürt sie's klar,
  Dass dabei nicht viel Segen war.
  Mein Kind, rief sie, ungerechtes Gut
  Befängt die Seele, zehrt auf das Blut.
  Wollen's der Mutter Gottes weihen,   2825
  Wird uns mit Himmels-Manna erfreuen!
  Margretlein zog ein schiefes Maul,
  Ist halt, dacht sie, ein geschenkter Gaul,
  Und wahrlich! gottlos ist nicht der,
  Der ihn so fein gebracht hierher.   2830
  Die Mutter ließ einen Pfaffen kommen;
  Der hatte kaum den Spaß vernommen,

Ließ sich den Anblick wohl behagen.
Er sprach: So ist man recht gesinnt!
Wer überwindet der gewinnt.   2835
Die Kirche hat einen guten Magen,
Hat ganze Länder aufgefressen,
Und doch noch nie sich übergessen;
Die Kirch allein, meine lieben Frauen,
Kann ungerechtes Gut verdauen.   2840

FAUST. Das ist ein allgemeiner Brauch,
Ein Jud und König kann es auch.

MEPHISTOPHELES. Strich drauf ein Spange, Kett' und Ring',
Als wären's eben Pfifferling',
Dankt' nicht weniger und nicht mehr,   2845
Als ob's ein Korb voll Nüsse wär,
Versprach ihnen allen himmlischen Lohn –
Und sie waren sehr erbaut davon.

FAUST. Und Gretchen?

MEPHISTOPHELES.   Sitzt nun unruhvoll,
Weiß weder was sie will noch soll,   2850
Denkt ans Geschmeide Tag und Nacht,
Noch mehr an den der's ihr gebracht.

FAUST. Des Liebchens Kummer tut mir leid.
Schaff du ihr gleich ein neu Geschmeid!
Am ersten war ja so nicht viel.   2855

MEPHISTOPHELES. O ja, dem Herrn ist Alles Kinderspiel!

FAUST. Und mach, und richt's nach meinem Sinn
Häng dich an ihre Nachbarin.
Sei Teufel doch nur nicht wie Brei.
Und schaff einen neuen Schmuck herbei!   2860

MEPHISTOPHELES. Ja, gnäd'ger Herr, von Herzen gerne.
(Faust ab.)
So ein verliebter Tor verpufft
Euch Sonne, Mond und alle Sterne
Zum Zeitvertreib dem Liebchen in die Luft. *(Ab.)*

Der Nachbarin Haus

MARTHE *allein.*

MARTHE. Gott verzeih's meinem lieben Mann,   2865
Er hat an mir nicht wohl getan!

Geht da stracks in die Welt hinein,
Und lässt mich auf dem Stroh allein.
Tät ihn doch wahrlich nicht betrüben,
Tät ihn, weiß Gott, recht herzlich lieben. 2870
(Sie weint.)
Vielleicht ist er gar tot! – O Pein! – –
Hätt ich nur einen Totenschein!

MARGARETE *kommt.*

MARGARETE. Frau Marthe!
MARTHE.   Gretelchen, was soll's?
MARGARETE. Fast sinken mir die Kniee nieder!
 Da find ich so ein Kästchen wieder 2875
 In meinem Schrein, von Ebenholz,
 Und Sachen herrlich ganz und gar,
 Weit reicher als das erste war.
MARTHE. Das muss Sie nicht der Mutter sagen;
 Tät's wieder gleich zur Beichte tragen. 2880
MARGARETE. Ach seh' Sie nur! ach schau' Sie nur!
MARTHE *(putzt sie auf).*
 O du glücksel'ge Kreatur!
MARGARETE. Darf mich, leider, nicht auf der Gassen,
 Noch in der Kirche mit sehen lassen.
MARTHE. Komm du nur oft zu mir herüber, 2885
 Und leg den Schmuck hier heimlich an;
 Spazier ein Stündchen lang dem Spiegelglas vorüber,
 Wir haben unsre Freude dran;
 Und dann gibt's einen Anlass, gibt's ein Fest,
 Wo man's so nach und nach den Leuten sehen lässt. 2890
 Ein Kettchen erst, die Perle dann ins Ohr;
 Die Mutter sieht's wohl nicht, man macht ihr auch was vor.
MARGARETE. Wer konnte nur die beiden Kästchen bringen?
 Es geht nicht zu mit rechten Dingen!
 (Es klopft.)
 Ach Gott! mag das meine Mutter sein? 2895
MARTHE *(durchs Vorhängel guckend).*
 Es ist ein fremder Herr – Herein!

MEPHISTOPHELES *tritt auf.*

MEPHISTOPHELES. Bin so frei grad hereinzutreten,
　Muss bei den Frauen Verzeihn erbeten.
　(Tritt ehrerbietig vor Margareten zurück.)
　Wollte nach Frau Marthe Schwerdtlein fragen!
MARTHE. Ich bin's, was hat der Herr zu sagen? 　2900
MEPHISTOPHELES *(leise zu ihr).*
　Ich kenne Sie jetzt, mir ist das genug;
　Sie hat da gar vornehmen Besuch.
　Verzeiht die Freiheit die ich genommen,
　Will Nachmittage wieder kommen.
MARTHE *(laut).*
　Denk, Kind, um alles in der Welt! 　2905
　Der Herr dich für ein Fräulein hält.
MARGARETE. Ich bin ein armes junges Blut;
　Ach Gott! der Herr ist gar zu gut:
　Schmuck und Geschmeide sind nicht mein.
MEPHISTOPHELES.
　Ach, es ist nicht der Schmuck allein; 　2910
　Sie hat ein Wesen, einen Blick so scharf!
　Wie freut mich's dass ich bleiben darf.
MARTHE. Was bringt Er denn? Verlange sehr –
MEPHISTOPHELES.
　Ich wollt' ich hätt eine frohere Mär!
　Ich hoffe Sie lässt mich's drum nicht büssen: 　2915
　Ihr Mann ist tot und lässt Sie grüssen.
MARTHE. Ist tot? das treue Herz! O weh!
　Mein Mann ist tot! Ach ich vergeh!
MARGARETE. Ach! liebe Frau, verzweifelt nicht!
MEPHISTOPHELES. So hört die traurige Geschicht! 　2920
MARGARETE. Ich möchte drum mein' Tag' nicht lieben,
　Würde mich Verlust zu Tode betrüben.
MEPHISTOPHELES.
　Freud muss Leid, Leid muss Freude haben.
MARTHE. Erzählt mir seines Lebens Schluss!
MEPHISTOPHELES. Er liegt in Padua begraben 　2925
　Beim heiligen Antonius,
　An einer wohlgeweihten Stätte
　Zum ewig kühlen Ruhebette.
MARTHE. Habt Ihr sonst nichts an mich zu bringen?

MEPHISTOPHELES. Ja, eine Bitte, groß und schwer; 2930
  Lass' Sie doch ja für ihn dreihundert Messen singen!
  Im Übrigen sind meine Taschen leer.
MARTHE. Was! Nicht ein Schaustück? Kein Geschmeid?
  Was jeder Handwerksbursch im Grund des Säckels spart,
  Zum Angedenken aufbewahrt, 2935
  Und lieber hungert, lieber bettelt!
MEPHISTOPHELES. Madam, es tut mir herzlich leid;
  Allein er hat sein Geld wahrhaftig nicht verzettelt.
  Auch er bereute seine Fehler sehr,
  Ja, und bejammerte sein Unglück noch viel mehr. 2940
MARGARETE. Ach! dass die Menschen so unglücklich sind!
  Gewiss ich will für ihn manch Requiem noch beten.
MEPHISTOPHELES.
  Ihr wäret wert, gleich in die Eh' zu treten:
  Ihr seid ein liebenswürdig Kind.
MARGARETE. Ach nein, das geht jetzt noch nicht an. 2945
MEPHISTOPHELES.
  Ist's nicht ein Mann, sei's derweil ein Galan.
  's ist eine der größten Himmelsgaben,
  So ein lieb Ding im Arm zu haben.
MARGARETE. Das ist des Landes nicht der Brauch.
MEPHISTOPHELES. Brauch oder nicht! Es gibt sich auch. 2950
MARTHE. Erzählt mir doch!
MEPHISTOPHELES.   Ich stand an seinem Sterbebette,
  Es war was besser als von Mist,
  Von halbgefaultem Stroh; allein er starb als Christ,
  Und fand dass er weit mehr noch auf der Zeche hätte.
  Wie, rief er, muss ich mich von Grund aus hassen, 2955
  So mein Gewerb, mein Weib so zu verlassen!
  Ach! die Erinnrung tötet mich.
  Vergäb sie mir nur noch in diesem Leben! –
MARTHE *(weinend).*
  Der gute Mann! ich hab ihm längst vergeben.
MEPHISTOPHELES.
  Allein, weiß Gott! sie war mehr schuld als ich. 2960
MARTHE. Das lügt er! Was! am Rand des Grabs zu lügen!
MEPHISTOPHELES. Er fabelte gewiss in letzten Zügen,
  Wenn ich nur halb ein Kenner bin.
  Ich hatte, sprach er, nicht zum Zeitvertreib zu gaffen,
  Erst Kinder, und dann Brot für sie zu schaffen, 2965

Und Brot im allerweitsten Sinn,
Und konnte nicht einmal mein Teil in Frieden essen.
MARTHE. Hat er so aller Treu, so aller Lieb vergessen,
Der Plackerei bei Tag und Nacht!
MEPHISTOPHELES.
Nicht doch, er hat Euch herzlich dran gedacht. 2970
Er sprach: Als ich nun weg von Malta ging,
Da betet' ich für Frau und Kinder brünstig;
Uns war denn auch der Himmel günstig,
Dass unser Schiff ein türkisch Fahrzeug fing,
Das einen Schatz des großen Sultans führte. 2975
Da ward der Tapferkeit ihr Lohn,
Und ich empfing denn auch, wie sich's gebührte,
Mein wohlgemessnes Teil davon.
MARTHE. Ei wie? Ei wo? Hat er's vielleicht vergraben?
MEPHISTOPHELES.
Wer weiß, wo nun es die vier Winde haben. 2980
Ein schönes Fräulein nahm sich seiner an,
Als er in Napel fremd umher spazierte;
Sie hat an ihm viel Liebs und Treus getan,
Dass er's bis an sein selig Ende spürte.
MARTHE. Der Schelm! der Dieb an seinen Kindern! 2985
Auch alles Elend, alle Not
Konnt nicht sein schändlich Leben hindern!
MEPHISTOPHELES. Ja seht! dafür ist er nun tot.
Wär ich nun jetzt an Eurem Platze,
Betraurt' ich ihn ein züchtig Jahr. 2990
Visierte dann unterweil nach einem neuen Schatze.
MARTHE. Ach Gott! wie doch mein erster war,
Find ich nicht leicht auf dieser Welt den andern!
Es konnte kaum ein herziger Närrchen sein.
Er liebte nur das allzu viele Wandern; 2995
Und fremde Weiber, und fremden Wein,
Und das verfluchte Würfelspiel.
MEPHISTOPHELES.
Nun, nun, so konnt es gehn und stehen,
Wenn er Euch ungefähr so viel
Von seiner Seite nachgesehen. 3000
Ich schwör Euch zu, mit dem Beding
Wechselt' ich selbst mit Euch den Ring!
MARTHE. O es beliebt dem Herrn zu scherzen!

MEPHISTOPHELES *(für sich).*
  Nun mach ich mich beizeiten fort!
  Die hielte wohl den Teufel selbst beim Wort.   3005
  (Zu Gretchen.)
  Wie steht es denn mit Ihrem Herzen?
MARGARETE. Was meint der Herr damit?
MEPHISTOPHELES *(für sich).*   Du guts, unschuldigs Kind!
  (Laut.) Lebt wohl ihr Fraun!
MARGARETE.   Lebt wohl!
MARTHE.   O sagt mir doch geschwind!
  Ich möchte gern ein Zeugnis haben,
  Wo, wie und wann mein Schatz gestorben und
                       begraben.   3010
  Ich bin von je der Ordnung Freund gewesen,
  Möcht ihn auch tot im Wochenblättchen lesen.
MEPHISTOPHELES. Ja, gute Frau, durch zweier Zeugen Mund
  Wird allerwegs die Wahrheit kund;
  Habe noch gar einen feinen Gesellen,   3015
  Den will ich Euch vor den Richter stellen.
  Ich bring ihn her.
MARTHE.   O tut das ja!
MEPHISTOPHELES. Und hier die Jungfrau ist auch da? –
  Ein braver Knab! ist viel gereist,
  Fräuleins alle Höflichkeit erweist.   3020
MARGARETE. Müsste vor dem Herren schamrot werden.
MEPHISTOPHELES. Vor keinem Könige der Erden.
MARTHE. Da hinterm Haus in meinem Garten
  Wollen wir der Herrn heut Abend warten.

Straße

FAUST. MEPHISTOPHELES.

FAUST. Wie ist's? Will's fördern? Will's bald gehn?   3025
MEPHISTOPHELES. Ah bravo! Find ich Euch in Feuer?
  In kurzer Zeit ist Gretchen Euer.
  Heut Abend sollt Ihr sie bei Nachbar' Marthen sehn:
  Das ist ein Weib wie auserlesen
  Zum Kuppler- und Zigeunerwesen!   3030
FAUST. So recht!
MEPHISTOPHELES. Doch wird auch was von uns begehrt.
FAUST. Ein Dienst ist wohl des andern wert.

MEPHISTOPHELES.
> Wir legen nur ein gültig Zeugnis nieder,
> Dass ihres Ehherrn ausgereckte Glieder
> In Padua an heil'ger Stätte ruhn.   3035

FAUST.
> Sehr klug! Wir werden erst die Reise machen müssen!

MEPHISTOPHELES.
> Sancta Simplicitas! darum ist's nicht zu tun;
> Bezeugt nur ohne viel zu wissen.

FAUST.
> Wenn Er nichts Bessers hat, so ist der Plan zerrissen.

MEPHISTOPHELES.
> O heil'ger Mann! Da wärt Ihr's nun!   3040
> Ist es das erste Mal in Eurem Leben,
> Dass Ihr falsch Zeugnis abgelegt?
> Habt Ihr von Gott, der Welt und was sich drin bewegt,
> Vom Menschen, was sich ihm in Kopf und Herzen regt,
> Definitionen nicht mit großer Kraft gegeben?   3045
> Mit frecher Stirne, kühner Brust?
> Und wollt Ihr recht ins Innre gehen,
> Habt Ihr davon, Ihr müsst es grad gestehen,
> So viel als von Herrn Schwerdtleins Tod gewusst!

FAUST. Du bist und bleibst ein Lügner, ein Sophiste.   3050

MEPHISTOPHELES.
> Ja, wenn man's nicht ein bisschen tiefer wüsste.
> Denn morgen wirst, in allen Ehren,
> Das arme Gretchen nicht betören,
> Und alle Seelenlieb ihr schwören?

FAUST. Und zwar von Herzen.

MEPHISTOPHELES.   Gut und schön!   3055
> Dann wird von ewiger Treu und Liebe,
> Von einzig überallmächt'gem Triebe –
> Wird das auch so von Herzen gehn?

FAUST. Lass das! Es wird! – Wenn ich empfinde,
> Für das Gefühl, für das Gewühl   3060
> Nach Namen suche, keinen finde,
> Dann durch die Welt mit allen Sinnen schweife,
> Nach allen höchsten Worten greife,
> Und diese Glut, von der ich brenne,
> Unendlich, ewig, ewig nenne,   3065
> Ist das ein teuflisch Lügenspiel?

MEPHISTOPHELES. Ich hab doch Recht!
FAUST.   Hör! merk dir dies –
Ich bitte dich, und schone meine Lunge –
Wer Recht behalten will und hat nur eine Zunge,
Behält's gewiss.   3070
Und komm, ich hab des Schwätzens Überdruss,
Denn du hast Recht, vorzüglich weil ich muss.

Garten

MARGARETE *an* FAUSTENS *Arm.*
MARTHE *mit* MEPHISTOPHELES *auf und ab spazierend.*

MARGARETE. Ich fühl es wohl, dass mich der Herr nur schont,
Herab sich lässt, mich zu beschämen.
Ein Reisender ist so gewohnt   3075
Aus Gütigkeit fürlieb zu nehmen;
Ich weiß zu gut, dass solch erfahrnen Mann
Mein arm Gespräch nicht unterhalten kann.
FAUST. Ein Blick von dir, Ein Wort mehr unterhält,
Als alle Weisheit dieser Welt. *(Er küsst ihre Hand.)*   3080
MARGARETE.
Inkommodiert Euch nicht! Wie könnt Ihr sie nur küssen?
Sie ist so garstig, ist so rauh!
Was hab ich nicht schon alles schaffen müssen!
Die Mutter ist gar zu genau. *(Gehn vorüber.)*
MARTHE.
Und Ihr, mein Herr, Ihr reist so immer fort?   3085
MEPHISTOPHELES.
Ach, dass Gewerb und Pflicht uns dazu treiben!
Mit wie viel Schmerz verlässt man manchen Ort,
Und darf doch nun einmal nicht bleiben!
MARTHE. In raschen Jahren geht's wohl an,
So um und um frei durch die Welt zu streifen;   3090
Doch kömmt die böse Zeit heran,
Und sich als Hagestolz allein zum Grab zu schleifen,
Das hat noch Keinem wohl getan.
MEPHISTOPHELES. Mit Grausen seh ich das von weiten.
MARTHE. Drum, werter Herr, beratet Euch in Zeiten.   3095
(Gehn vorüber.)

MARGARETE. Ja, aus den Augen aus dem Sinn!
   Die Höflichkeit ist Euch geläufig;
   Allein Ihr habt der Freunde häufig,
   Sie sind verständiger als ich bin.
FAUST. O Beste! glaube, was man so verständig nennt,   3100
   Ist oft mehr Eitelkeit und Kurzsinn.
MARGARETE.   Wie?
FAUST. Ach, dass die Einfalt, dass die Unschuld nie
   Sich selbst und ihren heil'gen Wert erkennt!
   Dass Demut, Niedrigkeit, die höchsten Gaben
   Der liebevoll austeilenden Natur –   3105
MARGARETE.
   Denkt Ihr an mich ein Augenblickchen nur,
   Ich werde Zeit genug an Euch zu denken haben.
FAUST. Ihr seid wohl viel allein?
MARGARETE. Ja, unsre Wirtschaft ist nur klein,
   Und doch will sie versehen sein.   3110
   Wir haben keine Magd; muss kochen, fegen, stricken
   Und nähn, und laufen früh und spat;
   Und meine Mutter ist in allen Stücken
   So akkurat!
   Nicht dass sie just so sehr sich einzuschränken hat;   3115
   Wir könnten uns weit eh'r als andre regen:
   Mein Vater hinterließ ein hübsch Vermögen,
   Ein Häuschen und ein Gärtchen vor der Stadt.
   Doch hab ich jetzt so ziemlich stille Tage;
   Mein Bruder ist Soldat,   3120
   Mein Schwesterchen ist tot.
   Ich hatte mit dem Kind wohl meine liebe Not;
   Doch übernähm ich gern noch einmal alle Plage,
   So lieb war mir das Kind.
FAUST.   Ein Engel, wenn dir's glich.
MARGARETE. Ich zog es auf, und herzlich liebt' es mich.   3125
   Es war nach meines Vaters Tod geboren,
   Die Mutter gaben wir verloren,
   So elend wie sie damals lag,
   Und sie erholte sich sehr langsam, nach und nach.
   Da konnte sie nun nicht dran denken   3130
   Das arme Würmchen selbst zu tränken,
   Und so erzog ich's ganz allein,
   Mit Milch und Wasser; so ward's mein.

Auf meinem Arm, in meinem Schoß
War's freundlich, zappelte, ward groß. 3135
FAUST. Du hast gewiss das reinste Glück empfunden.
MARGARETE.
Doch auch gewiss gar manche schwere Stunden.
Des Kleinen Wiege stand zu Nacht
An meinem Bett, es durfte kaum sich regen,
War ich erwacht; 3140
Bald musst ich's tränken, bald es zu mir legen,
Bald, wenn's nicht schwieg, vom Bett aufstehn,
Und tänzelnd in der Kammer auf und nieder gehn,
Und früh am Tage schon am Waschtrog stehn;
Dann auf dem Markt und an dem Herde sorgen, 3145
Und immer fort wie heut so morgen.
Da geht's, mein Herr, nicht immer mutig zu;
Doch schmeckt dafür das Essen, schmeckt die Ruh.
(Gehn vorüber.)
MARTHE. Die armen Weiber sind doch übel dran:
Ein Hagestolz ist schwerlich zu bekehren. 3150
MEPHISTOPHELES. Es käme nur auf Euresgleichen an,
Mich eines Bessern zu belehren.
MARTHE.
Sagt grad, mein Herr, habt Ihr noch nichts gefunden?
Hat sich das Herz nicht irgendwo gebunden?
MEPHISTOPHELES.
Das Sprichwort sagt: Ein eigner Herd, 3155
Ein braves Weib, sind Gold und Perlen wert.
MARTHE. Ich meine, ob Ihr niemals Lust bekommen?
MEPHISTOPHELES.
Man hat mich überall recht höflich aufgenommen.
MARTHE.
Ich wollte sagen: ward's nie Ernst in Eurem Herzen?
MEPHISTOPHELES.
Mit Frauen soll man sich nie unterstehn zu scherzen. 3160
MARTHE. Ach, Ihr versteht mich nicht!
MEPHISTOPHELES.   Das tut mir herzlich leid!
Doch ich versteh – dass Ihr sehr gütig seid.
(Gehn vorüber.)
FAUST. Du kanntest mich, o kleiner Engel, wieder,
Gleich als ich in den Garten kam?
MARGARETE. Saht Ihr es nicht? ich schlug die Augen nieder. 3165

FAUST. Und du verzeihst die Freiheit, die ich nahm,
   Was sich die Frechheit unterfangen,
   Als du jüngst aus dem Dom gegangen?
MARGARETE.
   Ich war bestürzt, mir war das nie geschehn;
   Es konnte niemand von mir Übels sagen.   3170
   Ach, dacht ich, hat er in deinem Betragen
   Was Freches, Unanständiges gesehn?
   Es schien ihn gleich nur anzuwandeln,
   Mit dieser Dirne grade hin zu handeln.
   Gesteh' ich's doch! Ich wusste nicht was sich   3175
   Zu Eurem Vorteil hier zu regen gleich begonnte;
   Allein gewiss, ich war recht bös auf mich,
   Dass ich auf Euch nicht böser werden konnte.
FAUST. Süß Liebchen!
MARGARETE.   Lasst einmal!
   (Sie pflückt eine Sternblume und zupft die Blätter ab, eins
   nach dem andern.)
FAUST.   Was soll das? Einen Strauß?
MARGARETE.
   Nein, es soll nur ein Spiel.
FAUST.   Wie?
MARGARETE.   Geht! Ihr lacht mich aus.   3180
   (Sie rupft und murmelt.)
FAUST. Was murmelst du?
MARGARETE *(halblaut).*   Er liebt mich – liebt mich nicht.
FAUST. Du holdes Himmels-Angesicht!
MARGARETE *(fährt fort).*
   Liebt mich – Nicht – Liebt mich – Nicht –
   (Das letzte Blatt ausrupfend, mit holder Freude.)
   Er liebt mich!
FAUST. Ja, mein Kind! Lass dieses Blumenwort
   Dir Götter-Ausspruch sein. Er liebt dich!   3185
   Verstehst du, was das heißt? Er liebt dich!
   (Er fasst ihre beiden Hände.)
MARGARETE. Mich überläuft's!
FAUST. O schaudre nicht! Lass diesen Blick,
   Lass diesen Händedruck dir sagen,
   Was unaussprechlich ist: 3190
   Sich hinzugeben ganz und eine Wonne
   Zu fühlen, die ewig sein muss!

Ewig! – Ihr Ende würde Verzweiflung sein.
Nein, kein Ende! Kein Ende!
MARGARETE *(drückt ihm die Hände, macht sich los und läuft*
weg. Er steht einen Augenblick in Gedanken, dann folgt er
ihr).
MARTHE *(kommend).* Die Nacht bricht an.
MEPHISTOPHELES.   Ja, und wir wollen fort.
MARTHE. Ich bät Euch länger hier zu bleiben,   3196
Allein es ist ein gar zu böser Ort.
Es ist als hätte niemand nichts zu treiben
Und nichts zu schaffen,
Als auf des Nachbarn Schritt und Tritt zu gaffen,   3200
Und man kommt ins Gered, wie man sich immer stellt.
Und unser Pärchen?
MEPHISTOPHELES.   Ist den Gang dort aufgeflogen.
Mutwill'ge Sommervögel!
MARTHE.   Er scheint ihr gewogen.
MEPHISTOPHELES.
Und sie ihm auch. Das ist der Lauf der Welt.

Ein Gartenhäuschen

MARGARETE *springt herein, steckt sich hinter die Tür, hält die*
Fingerspitze an die Lippen, und guckt durch die Ritze.

MARGARETE. Er kommt!

FAUST *kommt.*

FAUST.   Ach Schelm, so neckst du mich!   3205
Treff ich dich! *(Er küsst sie.)*
MARGARETE *(ihn fassend und den Kuss zurückgebend).*
             Bester Mann! von Herzen lieb ich dich!

MEPHISTOPHELES *klopft an.*

FAUST *(stampfend).*
    Wer da?
MEPHISTOPHELES.
        Gut Freund!
FAUST.   Ein Tier!
MEPHISTOPHELES.   Es ist wohl Zeit zu scheiden.

MARTHE *kommt.*

MARTHE. Ja, es ist spät, mein Herr.
FAUST.   Darf ich Euch nicht geleiten?
MARGARETE.
    Die Mutter würde mich – Lebt wohl!
FAUST.   Muss ich denn gehn?
    Lebt wohl!
MARTHE.   Ade!
MARGARETE.   Auf baldig Wiedersehn!   3210
    (Faust und Mephistopheles ab.)
MARGARETE. Du lieber Gott! was so ein Mann
    Nicht alles alles denken kann!
    Beschämt nur steh ich vor ihm da,
    Und sag zu allen Sachen ja.
    Bin doch ein arm unwissend Kind,   3215
    Begreife nicht was er an mir find't. *(Ab.)*

Wald und Höhle

FAUST *allein.*

FAUST. Erhabner Geist, du gabst mir, gabst mir alles,
    Warum ich bat. Du hast mir nicht umsonst
    Dein Angesicht im Feuer zugewendet.
    Gabst mir die herrliche Natur zum Königreich,   3220
    Kraft, sie zu fühlen, zu genießen. Nicht
    Kalt staunenden Besuch erlaubst du nur,
    Vergönnest mir in ihre tiefe Brust
    Wie in den Busen eines Freunds zu schauen.
    Du führst die Reihe der Lebendigen   3225
    Vor mir vorbei, und lehrst mich meine Brüder
    Im stillen Busch, in Luft und Wasser kennen.
    Und wenn der Sturm im Walde braust und knarrt,
    Die Riesenfichte stürzend Nachbaräste
    Und Nachbarstämme quetschend niederstreift,   3230
    Und ihrem Fall dumpf hohl der Hügel donnert;
    Dann führst du mich zur sichern Höhle, zeigst
    Mich dann mir selbst, und meiner eignen Brust
    Geheime tiefe Wunder öffnen sich.
    Und steigt vor meinem Blick der reine Mond   3235

Besänftigend herüber; schweben mir
Von Felsenwänden, aus dem feuchten Busch,
Der Vorwelt silberne Gestalten auf,
Und lindern der Betrachtung strenge Lust.

O dass dem Menschen nichts Vollkommnes wird,   3240
Empfind ich nun. Du gabst zu dieser Wonne,
Die mich den Göttern nah und näher bringt,
Mir den Gefährten, den ich schon nicht mehr
Entbehren kann, wenn er gleich, kalt und frech,
Mich vor mir selbst erniedrigt, und zu Nichts,   3245
Mit einem Worthauch, deine Gaben wandelt.
Er facht in meiner Brust ein wildes Feuer
Nach jenem schönen Bild geschäftig an.
So tauml' ich von Begierde zu Genuss,
Und im Genuss verschmacht ich nach Begierde.   3250

MEPHISTOPHELES *tritt auf.*

MEPHISTOPHELES. Habt Ihr nun bald das Leben g'nug geführt?
  Wie kann's Euch in die Länge freuen?
  Es ist wohl gut, dass man's einmal probiert;
  Dann aber wieder zu was Neuen!
FAUST. Ich wollt', du hättest mehr zu tun,   3255
  Als mich am guten Tag zu plagen.
MEPHISTOPHELES. Nun nun! ich lass dich gerne ruhn,
  Du darfst mir's nicht im Ernste sagen.
  An dir Gesellen unhold, barsch und toll,
  Ist wahrlich wenig zu verlieren.   3260
  Den ganzen Tag hat man die Hände voll!
  Was ihm gefällt und was man lassen soll,
  Kann man dem Herrn nie an der Nase spüren.
FAUST. Das ist so just der rechte Ton!
  Er will noch Dank, dass er mich ennuyiert.   3265
MEPHISTOPHELES. Wie hättst du, armer Erdensohn,
  Dein Leben ohne mich geführt?
  Vom Kribskrabs der Imagination
  Hab ich dich doch auf Zeiten lang kuriert;
  Und wär ich nicht, so wärst du schon   3270
  Von diesem Erdball abspaziert.
  Was hast du da in Höhlen, Felsenritzen

    Dich wie ein Schuhu zu versitzen?
    Was schlurfst aus dumpfem Moos und triefendem Gestein,
    Wie eine Kröte, Nahrung ein? 3275
    Ein schöner, süßer Zeitvertreib!
    Dir steckt der Doktor noch im Leib.
FAUST. Verstehst du, was für neue Lebenskraft
    Mir dieser Wandel in der Öde schafft?
    Ja, würdest du es ahnen können, 3280
    Du wärest Teufel g'nug mein Glück mir nicht zu gönnen.
MEPHISTOPHELES. Ein überirdisches Vergnügen!
    In Nacht und Tau auf den Gebirgen liegen,
    Und Erd und Himmel wonniglich umfassen,
    Zu einer Gottheit sich aufschwellen lassen, 3285
    Der Erde Mark mit Ahnungsdrang durchwühlen,
    Alle sechs Tagewerk im Busen fühlen,
    In stolzer Kraft ich weiß nicht was genießen,
    Bald liebewonniglich in alles überfließen,
    Verschwunden ganz der Erdensohn, 3290
    Und dann die hohe Intuition – *(mit einer Gebärde)*
    Ich darf nicht sagen wie – zu schließen.
FAUST. Pfui über dich!
MEPHISTOPHELES.   Das will Euch nicht behagen;
    Ihr habt das Recht gesittet pfui zu sagen.
    Man darf das nicht vor keuschen Ohren nennen, 3295
    Was keusche Herzen nicht entbehren können.
    Und kurz und gut, ich gönn Ihm das Vergnügen,
    Gelegentlich sich etwas vorzulügen;
    Doch lange hält Er das nicht aus.
    Du bist schon wieder abgetrieben, 3300
    Und, währt es länger, aufgerieben
    In Tollheit oder Angst und Graus.
    Genug damit! Dein Liebchen sitzt dadrinne,
    Und alles wird ihr eng und trüb.
    Du kommst ihr gar nicht aus dem Sinne, 3305
    Sie hat dich übermächtig lieb.
    Erst kam deine Liebeswut übergeflossen,
    Wie vom geschmolznen Schnee ein Bächlein übersteigt;
    Du hast sie ihr ins Herz gegossen;
    Nun ist dein Bächlein wieder seicht. 3310
    Mich dünkt, anstatt in Wäldern zu thronen,
    Ließ' es dem großen Herren gut,

Das arme affenjunge Blut
Für seine Liebe zu belohnen.
Die Zeit wird ihr erbärmlich lang;   3315
Sie steht am Fenster, sieht die Wolken ziehn
Über die alte Stadtmauer hin.
Wenn ich ein Vöglein wär! so geht ihr Gesang
Tagelang, halbe Nächte lang.
Einmal ist sie munter, meist betrübt,   3320
Einmal recht ausgeweint,
Dann wieder ruhig, wie's scheint,
Und immer verliebt.

FAUST. Schlange! Schlange!

MEPHISTOPHELES *(für sich)*.
Gelt! dass ich dich fange!   3325

FAUST. Verruchter! hebe dich von hinnen,
Und nenne nicht das schöne Weib!
Bring die Begier zu ihrem süßen Leib
Nicht wieder vor die halb verrückten Sinnen!

MEPHISTOPHELES.
Was soll es denn? Sie meint, du seist entflohn,   3330
Und halb und halb bist du es schon.

FAUST. Ich bin ihr nah, und wär ich noch so fern,
Ich kann sie nie vergessen, nie verlieren;
Ja, ich beneide schon den Leib des Herrn,
Wenn ihre Lippen ihn indes berühren.   3335

MEPHISTOPHELES.
Gar wohl, mein Freund! Ich hab Euch oft beneidet
Ums Zwillingspaar, das unter Rosen weidet.

FAUST.
Entfliehe, Kuppler!

MEPHISTOPHELES.   Schön! Ihr schimpft und ich muss lachen.
Der Gott, der Bub und Mädchen schuf,
Erkannte gleich den edelsten Beruf,   3340
Auch selbst Gelegenheit zu machen.
Nur fort, es ist ein großer Jammer!
Ihr sollt in Eures Liebchens Kammer,
Nicht etwa in den Tod.

FAUST. Was ist die Himmelsfreud in ihren Armen?   3345
Lass mich an ihrer Brust erwarmen!
Fühl ich nicht immer ihre Not?
Bin ich der Flüchtling nicht? der Unbehauste?

Der Unmensch ohne Zweck und Ruh?
Der wie ein Wassersturz von Fels zu Felsen brauste   3350
Begierig wütend nach dem Abgrund zu.
Und seitwärts sie, mit kindlich dumpfen Sinnen,
Im Hüttchen auf dem kleinen Alpenfeld,
Und all ihr häusliches Beginnen
Umfangen in der kleinen Welt.   3355
Und ich, der Gottverhasste,
Hatte nicht genug,
Dass ich die Felsen fasste
Und sie zu Trümmern schlug!
Sie, ihren Frieden musst ich untergraben!   3360
Du, Hölle, musstest dieses Opfer haben!
Hilf, Teufel, mir die Zeit der Angst verkürzen!
Was muss geschehn, mag's gleich geschehn!
Mag ihr Geschick auf mich zusammenstürzen
Und sie mit mir zugrunde gehn.   3365
MEPHISTOPHELES. Wie's wieder siedet, wieder glüht!
Geh ein und tröste sie, du Tor!
Wo so ein Köpfchen keinen Ausgang sieht,
Stellt er sich gleich das Ende vor.
Es lebe wer sich tapfer hält!   3370
Du bist doch sonst so ziemlich eingeteufelt.
Nichts Abgeschmackters find ich auf der Welt,
Als einen Teufel der verzweifelt.

Gretchens Stube

GRETCHEN *am Spinnrade allein.*

Meine Ruh ist hin,
Mein Herz ist schwer;   3375
Ich finde sie nimmer
Und nimmermehr.

Wo ich ihn nicht hab
Ist mir das Grab,
Die ganze Welt   3380
Ist mir vergällt.

Mein armer Kopf
Ist mir verrückt,
Mein armer Sinn
Ist mir zerstückt. 3385

Meine Ruh ist hin,
Mein Herz ist schwer;
Ich finde sie nimmer
Und nimmermehr.

Nach ihm nur schau ich 3390
Zum Fenster hinaus,
Nach ihm nur geh ich
Aus dem Haus.

Sein hoher Gang,
Sein' edle Gestalt, 3395
Seines Mundes Lächeln,
Seiner Augen Gewalt,

Und seiner Rede
Zauberfluss,
Sein Händedruck, 3400
Und ach sein Kuss!

Meine Ruh ist hin,
Mein Herz ist schwer,
Ich finde sie nimmer
Und nimmermehr. 3405

Mein Busen drängt
Sich nach ihm hin.
Ach dürft ich fassen
Und halten ihn!

Und küssen ihn 3410
So wie ich wollt,
An seinen Küssen
Vergehen sollt!

Marthens Garten

MARGARETE. Versprich mir, Heinrich!
FAUST.   Was ich kann!
MARGARETE. Nun sag, wie hast du's mit der Religion?   3415
  Du bist ein herzlich guter Mann,
  Allein ich glaub, du hältst nicht viel davon.
FAUST. Lass das, mein Kind! Du fühlst, ich bin dir gut;
  Für meine Lieben ließ' ich Leib und Blut,
  Will niemand sein Gefühl und seine Kirche rauben.   3420
MARGARETE.
  Das ist nicht recht, man muss dran glauben!
FAUST. Muss man?   Ach! wenn ich etwas auf dich könnte!
MARGARETE.
  Du ehrst auch nicht die heil'gen Sakramente.
FAUST. Ich ehre sie.
MARGARETE.   Doch ohne Verlangen.   3425
  Zur Messe, zur Beichte bist du lange nicht gegangen.
  Glaubst du an Gott?
FAUST.   Mein Liebchen, wer darf sagen,
  Ich glaub an Gott?
  Magst Priester oder Weise fragen,
  Und ihre Antwort scheint nur Spott
  Über den Frager zu sein.
MARGARETE.   So glaubst du nicht?   3430
FAUST. Misshör mich nicht, du holdes Angesicht!
  Wer darf ihn nennen?
  Und wer bekennen:
  Ich glaub ihn.
  Wer empfinden   3435
  Und sich unterwinden
  Zu sagen: ich glaub ihn nicht?
  Der Allumfasser,
  Der Allerhalter,
  Fasst und erhält er nicht   3440
  Dich, mich, sich selbst?
  Wölbt sich der Himmel nicht dadroben?
  Liegt die Erde nicht hierunten fest?
  Und steigen freundlich blickend
  Ewige Sterne nicht herauf?   3445

Schau ich nicht Aug in Auge dir,
Und drängt nicht alles
Nach Haupt und Herzen dir,
Und webt in ewigem Geheimnis
Unsichtbar sichtbar neben dir?   3450
Erfüll davon dein Herz, so groß es ist,
Und wenn du ganz in dem Gefühle selig bist,
Nenn es dann wie du willst,
Nenn's Glück! Herz! Liebe! Gott!
Ich habe keinen Namen   3455
Dafür! Gefühl ist alles;
Name ist Schall und Rauch,
Umnebelnd Himmelsglut.
MARGARETE. Das ist alles recht schön und gut;
    Ungefähr sagt das der Pfarrer auch,   3460
    Nur mit ein bisschen andern Worten.
FAUST. Es sagen's allerorten
    Alle Herzen unter dem himmlischen Tage,
    Jedes in seiner Sprache;
    Warum nicht ich in der meinen?   3465
MARGARETE.
    Wenn man's so hört, möcht's leidlich scheinen,
    Steht aber doch immer schief darum;
    Denn du hast kein Christentum.
FAUST. Liebs Kind!
MARGARETE.   Es tut mir lang schon weh,
    Dass ich dich in der Gesellschaft seh.   3470
FAUST. Wieso?
MARGARETE.   Der Mensch, den du da bei dir hast,
    Ist mir in tiefer innrer Seele verhasst;
    Es hat mir in meinem Leben
    So nichts einen Stich ins Herz gegeben,
    Als des Menschen widrig Gesicht.   3475
FAUST. Liebe Puppe, fürcht ihn nicht!
MARGARETE. Seine Gegenwart bewegt mir das Blut.
    Ich bin sonst allen Menschen gut;
    Aber, wie ich mich sehne dich zu schauen,
    Hab ich vor dem Menschen ein heimlich Grauen, 3480
    Und halt ihn für einen Schelm dazu!
    Gott verzeih' mir's, wenn ich ihm Unrecht tu!
FAUST. Es muss auch solche Käuze geben.

MARGARETE. Wollte nicht mit seinesgleichen leben!
Kommt er einmal zur Tür herein, 3485
Sieht er immer so spöttisch drein,
Und halb ergrimmt;
Man sieht, dass er an nichts keinen Anteil nimmt;
Es steht ihm an der Stirn geschrieben,
Dass er nicht mag eine Seele lieben. 3490
Mir wird's so wohl in deinem Arm,
So frei, so hingegeben warm,
Und seine Gegenwart schnürt mir das Innre zu.
FAUST. Du ahnungsvoller Engel du!
MARGARETE. Das übermannt mich so sehr, 3495
Dass, wo er nur mag zu uns treten,
Mein ich sogar, ich liebte dich nicht mehr.
Auch wenn er da ist, könnt ich nimmer beten,
Und das frisst mir ins Herz hinein;
Dir, Heinrich, muss es auch so sein. 3500
FAUST. Du hast nun die Antipathie!
MARGARETE. Ich muss nun fort.
FAUST.   Ach kann ich nie
Ein Stündchen ruhig dir am Busen hängen,
Und Brust an Brust und Seel in Seele drängen?
MARGARETE. Ach wenn ich nur alleine schlief'! 3505
Ich ließ' dir gern heut Nacht den Riegel offen;
Doch meine Mutter schläft nicht tief:
Und würden wir von ihr betroffen,
Ich wär gleich auf der Stelle tot!
FAUST. Du Engel, das hat keine Not. 3510
Hier ist ein Fläschchen! Drei Tropfen nur
In ihren Trank umhüllen
Mit tiefem Schlaf gefällig die Natur.
MARGARETE. Was tu ich nicht um deinetwillen?
Es wird ihr hoffentlich nicht schaden! 3515
FAUST. Würd ich sonst, Liebchen, dir es raten?
MARGARETE. Seh ich dich, bester Mann, nur an,
Weiß nicht was mich nach deinem Willen treibt;
Ich habe schon so viel für dich getan,
Dass mir zu tun fast nichts mehr übrig bleibt. *(Ab.)* 3520

MEPHISTOPHELES *tritt auf.*

MEPHISTOPHELES.
  Der Grasaff! ist er weg?
FAUST.   Hast wieder spioniert?
MEPHISTOPHELES. Ich hab's ausführlich wohl vernommen,
  Herr Doktor wurden da katechisiert;
  Hoff es soll Ihnen wohl bekommen.
  Die Mädels sind doch sehr interessiert,   3525
  Ob einer fromm und schlicht nach altem Brauch.
  Sie denken, duckt er da, folgt er uns eben auch.
FAUST. Du Ungeheuer siehst nicht ein,
  Wie diese treue liebe Seele
  Von ihrem Glauben voll,   3530
  Der ganz allein
  Ihr selig machend ist, sich heilig quäle,
  Dass sie den liebsten Mann verloren halten soll.
MEPHISTOPHELES. Du übersinnlicher, sinnlicher Freier,
  Ein Mägdelein nasführet dich.   3535
FAUST. Du Spottgeburt von Dreck und Feuer!
MEPHISTOPHELES.
  Und die Physiognomie versteht sie meisterlich.
  In meiner Gegenwart wird's ihr sie weiß nicht wie,
  Mein Mäskchen da weissagt verborgnen Sinn;
  Sie fühlt, dass ich ganz sicher ein Genie,   3540
  Vielleicht wohl gar der Teufel bin.
  Nun heute Nacht –?
FAUST.   Was geht dich's an?
MEPHISTOPHELES. Hab ich doch meine Freude dran!

Am Brunnen

GRETCHEN *und* LIESCHEN *mit Krügen.*

LIESCHEN. Hast nichts von Bärbelchen gehört?
GRETCHEN. Kein Wort. Ich komm gar wenig unter Leute.   3545
LIESCHEN. Gewiss, Sibylle sagt' mir's heute!
  Die hat sich endlich auch betört.
  Das ist das Vornehmtun!
GRETCHEN.   Wieso?
LIESCHEN.   Es stinkt!
  Sie füttert zwei, wenn sie nun isst und trinkt.

GRETCHEN. Ach! 3550
LIESCHEN. So ist's ihr endlich recht ergangen.
  Wie lange hat sie an dem Kerl gehangen!
  Das war ein Spazieren,
  Auf Dorf und Tanzplatz Führen,
  Musst überall die Erste sein, 3555
  Kurtesiert' ihr immer mit Pastetchen und Wein;
  Bild't' sich was auf ihre Schönheit ein,
  War doch so ehrlos sich nicht zu schämen
  Geschenke von ihm anzunehmen.
  War ein Gekos und ein Geschleck; 3560
  Da ist denn auch das Blümchen weg!
GRETCHEN. Das arme Ding!
LIESCHEN.   Bedauerst sie noch gar!
  Wenn unsereins am Spinnen war,
  Uns nachts die Mutter nicht hinunterließ;
  Stand sie bei ihrem Buhlen süß, 3565
  Auf der Türbank und im dunkeln Gang
  Ward ihnen keine Stunde zu lang.
  Da mag sie denn sich ducken nun,
  Im Sünderhemdchen Kirchbuß tun!
GRETCHEN. Er nimmt sie gewiss zu seiner Frau. 3570
LIESCHEN. Er wär ein Narr! Ein flinker Jung
  Hat anderwärts noch Luft genung,
  Er ist auch fort.
GRETCHEN.   Das ist nicht schön!
LIESCHEN. Kriegt sie ihn, soll's ihr übel gehn.
  Das Kränzel reißen die Buben ihr, 3575
  Und Häckerling streuen wir vor die Tür! *(Ab.)*
GRETCHEN *(nach Hause gehend).*
  Wie konnt ich sonst so tapfer schmälen,
  Wenn tät ein armes Mägdlein fehlen!
  Wie konnt ich über andrer Sünden
  Nicht Worte g'nug der Zunge finden! 3580
  Wie schien mir's schwarz, und schwärzt's noch gar,
  Mir's immer doch nicht schwarz g'nug war,
  Und segnet' mich und tat so groß,
  Und bin nun selbst der Sünde bloß!
  Doch – alles was dazu mich trieb, 3585
  Gott! war so gut! ach war so lieb!

Zwinger

In der Mauerhöhle ein Andachtsbild der Mater dolorosa,
Blumenkrüge davor.
GRETCHEN *steckt frische Blumen in die Krüge.*

Ach neige,
Du Schmerzenreiche,
Dein Antlitz gnädig meiner Not!

Das Schwert im Herzen, 3590
Mit tausend Schmerzen
Blickst auf zu deines Sohnes Tod.

Zum Vater blickst du,
Und Seufzer schickst du
Hinauf um sein' und deine Not. 3595

Wer fühlet,
Wie wühlet
Der Schmerz mir im Gebein?
Was mein armes Herz hier banget,
Was es zittert, was verlanget, 3600
Weißt nur du, nur du allein!

Wohin ich immer gehe,
Wie weh, wie weh, wie wehe
Wird mir im Busen hier!
Ich bin ach kaum alleine, 3605
Ich wein, ich wein, ich weine,
Das Herz zerbricht in mir.

Die Scherben vor meinem Fenster
Betaut ich mit Tränen, ach!
Als ich am frühen Morgen 3610
Dir diese Blumen brach.

Schien hell in meine Kammer
Die Sonne früh herauf,
Saß ich in allem Jammer
In meinem Bett schon auf. 3615

Hilf! rette mich von Schmach und Tod!
Ach neige,
Du Schmerzenreiche,
Dein Antlitz gnädig meiner Not!

Nacht

Straße vor Gretchens Türe

VALENTIN, *Soldat, Gretchens Bruder.*

VALENTIN. Wenn ich so saß bei einem Gelag,   3620
  Wo mancher sich berühmen mag,
  Und die Gesellen mir den Flor
  Der Mägdlein laut gepriesen vor,
  Mit vollem Glas das Lob verschwemmt,
  Den Ellenbogen aufgestemmt   3625
  Saß ich in meiner sichern Ruh,
  Hört all dem Schwadronieren zu,
  Und streiche lächelnd meinen Bart,
  Und kriege das volle Glas zur Hand
  Und sage: Alles nach seiner Art!   3630
  Aber ist eine im ganzen Land,
  Die meiner trauten Gretel gleicht,
  Die meiner Schwester das Wasser reicht?
  Topp! Topp! Kling! Klang! das ging herum!
  Die einen schrieen: er hat Recht,   3635
  Sie ist die Zier vom ganzen Geschlecht!
  Da saßen alle die Lober stumm.
  Und nun! – ums Haar sich auszuraufen
  Und an den Wänden hinauf zu laufen! –
  Mit Stichelreden, Naserümpfen   3640
  Soll jeder Schurke mich beschimpfen!
  Soll wie ein böser Schuldner sitzen,
  Bei jedem Zufallswörtchen schwitzen!
  Und möcht ich sie zusammenschmeißen;
  Könnt ich sie doch nicht Lügner heißen.   3645

  Was kommt heran? Was schleicht herbei?
  Irr ich nicht, es sind ihrer zwei.
  Ist er's, gleich pack ich ihn beim Felle,
  Soll nicht lebendig von der Stelle!

FAUST. MEPHISTOPHELES.

FAUST. Wie von dem Fenster dort der Sakristei   3650
  Aufwärts der Schein des ew'gen Lämpchens flämmert
  Und schwach und schwächer seitwärts dämmert,

Und Finsternis drängt ringsum bei!
So sieht's in meinem Busen nächtig.

MEPHISTOPHELES.

Und mir ist's wie dem Kätzlein schmächtig,   3655
Das an den Feuerleitern schleicht,
Sich leis dann um die Mauern streicht;
Mir ist's ganz tugendlich dabei,
Ein bisschen Diebsgelüst, ein bisschen Rammelei.
So spukt mir schon durch alle Glieder   3660
Die herrliche Walpurgisnacht.
Die kommt uns übermorgen wieder,
Da weiß man doch warum man wacht.

FAUST. Rückt wohl der Schatz indessen in die Höh,
Den ich dorthinten flimmern seh?   3665

MEPHISTOPHELES.

Du kannst die Freude bald erleben,
Das Kesselchen herauszuheben.
Ich schielte neulich so hinein,
Sind herrliche Löwentaler drein.

FAUST. Nicht ein Geschmeide? Nicht ein Ring?   3670
Meine liebe Buhle damit zu zieren.

MEPHISTOPHELES.

Ich sah dabei wohl so ein Ding,
Als wie eine Art von Perlenschnüren.

FAUST. So ist es recht! Mir tut es weh,
Wenn ich ohne Geschenke zu ihr geh.   3675

MEPHISTOPHELES.

Es sollt Euch eben nicht verdrießen
Umsonst auch etwas zu genießen.
Jetzt da der Himmel voller Sterne glüht,
Sollt Ihr ein wahres Kunststück hören:
Ich sing ihr ein moralisch Lied,   3680
Um sie gewisser zu betören. *(Singt zur Zither.)*
          Was machst du mir
          Vor Liebchens Tür
          Kathrinchen hier
          Bei frühem Tagesblicke?   3685
          Lass, lass es sein!
          Er lässt dich ein
          Als Mädchen ein,
          Als Mädchen nicht zurücke.

       Nehmt euch in Acht!   3690
Ist es vollbracht,
Dann gute Nacht
Ihr armen, armen Dinger!
Habt ihr euch lieb,
Tut keinem Dieb   3695
Nur nichts zulieb,
Als mit dem Ring am Finger.

VALENTIN *(tritt vor)*. Wen lockst du hier? beim Element!
  Vermaledeiter Rattenfänger!
  Zum Teufel erst das Instrument!   3700
  Zum Teufel hinterdrein den Sänger!

MEPHISTOPHELES.
  Die Zither ist entzwei! an der ist nichts zu halten.

VALENTIN. Nun soll es an ein Schädelspalten!

MEPHISTOPHELES *(zu Faust)*.
  Herr Doktor nicht gewichen! Frisch!
  Hart an mich an, wie ich Euch führe.   3705
  Heraus mit Eurem Flederwisch!
  Nur zugestoßen! Ich pariere.

VALENTIN. Pariere den!

MEPHISTOPHELES.   Warum denn nicht?

VALENTIN. Auch den!

MEPHISTOPHELES.   Gewiss!

VALENTIN.   Ich glaub der Teufel ficht!
  Was ist denn das? Schon wird die Hand mir lahm.   3710

MEPHISTOPHELES *(zu Faust)*.
  Stoß zu!

VALENTIN *(fällt)*. O weh!

MEPHISTOPHELES.   Nun ist der Lümmel zahm!
  Nun aber fort! Wir müssen gleich verschwinden:
  Denn schon entsteht ein mörderlich Geschrei.
  Ich weiß mich trefflich mit der Polizei,
  Doch mit dem Blutbann schlecht mich abzufinden.   3715

MARTHE *(am Fenster)*. Heraus! Heraus!

GRETCHEN *(am Fenster)*.   Herbei ein Licht!

MARTHE *(wie oben)*.
  Man schilt und rauft, man schreit und ficht.

VOLK. Da liegt schon einer tot!

MARTHE *(heraustretend)*.
  Die Mörder sind sie denn entflohn?

GRETCHEN *(heraustretend).*
  Wer liegt hier?
VOLK.   Deiner Mutter Sohn.   3720
GRETCHEN. Allmächtiger! welche Not!
VALENTIN. Ich sterbe! das ist bald gesagt
  Und bälder noch getan.
  Was steht ihr Weiber heult und klagt?
  Kommt her und hört mich an! *(Alle treten um ihn.)*   3725
  Mein Gretchen sieh! du bist noch jung,
  Bist gar noch nicht gescheit genug,
  Machst deine Sachen schlecht.
  Ich sag dir's im Vertrauen nur:
  Du bist doch nun einmal eine Hur;   3730
  So sei's auch eben recht.
GRETCHEN. Mein Bruder! Gott! Was soll mir das?
VALENTIN. Lass unsern Herrgott aus dem Spaß.
  Geschehn ist leider nun geschehn,
  Und wie es gehn kann, so wird's gehn.   3735
  Du fingst mit Einem heimlich an,
  Bald kommen ihrer mehre dran,
  Und wenn dich erst ein Dutzend hat,
  So hat dich auch die ganze Stadt.

  Wenn erst die Schande wird geboren,   3740
  Wird sie heimlich zur Welt gebracht,
  Und man zieht den Schleier der Nacht
  Ihr über Kopf und Ohren;
  Ja, man möchte sie gern ermorden.
  Wächst sie aber und macht sich groß,   3745
  Dann geht sie auch bei Tage bloß,
  Und ist doch nicht schöner geworden.
  Je hässlicher wird ihr Gesicht,
  Je mehr sucht sie des Tages Licht.

  Ich seh wahrhaftig schon die Zeit,   3750
  Dass alle brave Bürgersleut,
  Wie von einer angesteckten Leichen,
  Von dir, du Metze! seitab weichen.
  Dir soll das Herz im Leib verzagen,
  Wenn sie dir in die Augen sehn!   3755
  Sollst keine goldne Kette mehr tragen!
  In der Kirche nicht mehr am Altar stehn!

In einem schönen Spitzenkragen
Dich nicht beim Tanze wohlbehagen!
In eine finstre Jammerecken   3760
Unter Bettler und Krüppel dich verstecken,
Und wenn dir denn auch Gott verzeiht,
Auf Erden sein vermaledeit!

MARTHE. Befehlt Eure Seele Gott zu Gnaden!
Wollt Ihr noch Lästrung auf Euch laden?   3765
VALENTIN. Könnt ich dir nur an den dürren Leib,
Du schändlich kupplerisches Weib!
Da hofft' ich aller meiner Sünden
Vergebung reiche Maß zu finden.
GRETCHEN. Mein Bruder! Welche Höllenpein!   3770
VALENTIN. Ich sage, lass die Tränen sein!
Da du dich sprachst der Ehre los,
Gabst mir den schwersten Herzensstoß.
Ich gehe durch den Todesschlaf
Zu Gott ein als Soldat und brav. *(Stirbt.)*   3775

Dom

Amt, Orgel und Gesang

GRETCHEN *unter vielem Volke.* BÖSER GEIST *hinter Gretchen.*

BÖSER GEIST.
Wie anders, Gretchen, war dir's,
Als du noch voll Unschuld
Hier zum Altar tratst,
Aus dem vergriffnen Büchelchen
Gebete lalltest,   3780
Halb Kinderspiele,
Halb Gott im Herzen!
Gretchen!
Wo steht dein Kopf?
In deinem Herzen,   3785
Welche Missetat?
Betst du für deiner Mutter Seele, die
Durch dich zur langen, langen Pein hinüberschlief?
Auf deiner Schwelle wessen Blut?
– Und unter deinem Herzen   3790

Regt sich's nicht quillend schon,
Und ängstet dich und sich
Mit ahnungsvoller Gegenwart?
GRETCHEN. Weh! Weh!
  Wär ich der Gedanken los, 3795
  Die mir herüber und hinüber gehen
  Wider mich!
CHOR. Dies irae, dies illa
  Solvet saeclum in favilla.
  (Orgelton.)
BÖSER GEIST. Grimm fasst dich! 3800
  Die Posaune tönt!
  Die Gräber beben!
  Und dein Herz,
  Aus Aschenruh
  Zu Flammenqualen 3805
  Wieder aufgeschaffen,
  Bebt auf!
GRETCHEN. Wär ich hier weg!
  Mir ist als ob die Orgel mir
  Den Atem versetzte, 3810
  Gesang mein Herz
  Im Tiefsten löste.
CHOR. Judex ergo cum sedebit,
  Quidquid latet adparebit,
  Nil inultum remanebit. 3815
GRETCHEN. Mir wird so eng!
  Die Mauern-Pfeiler
  Befangen mich!
  Das Gewölbe
  Drängt mich! – Luft! 3820
BÖSER GEIST. Verbirg dich! Sünd und Schande
  Bleibt nicht verborgen.
  Luft? Licht?
  Weh dir!
CHOR. Quid sum miser tunc dicturus? 3825
  Quem patronum rogaturus?
  Cum vix justus sit securus.
BÖSER GEIST. Ihr Antlitz wenden
  Verklärte von dir ab.
  Die Hände dir zu reichen, 3830

Schauert's den Reinen.
Weh!
CHOR. Quid sum miser tunc dicturus?
GRETCHEN. Nachbarin! Euer Fläschchen! –
(Sie fällt in Ohnmacht.)

Walpurgisnacht

Harzgebirg
Gegend von Schierke und Elend

FAUST. MEPHISTOPHELES.

MEPHISTOPHELES.
Verlangst du nicht nach einem Besenstiele?   3835
Ich wünschte mir den allerderbsten Bock.
Auf diesem Weg sind wir noch weit vom Ziele.

FAUST.
So lang ich mich noch frisch auf meinen Beinen fühle,
Genügt mir dieser Knotenstock.
Was hilft's dass man den Weg verkürzt! –   3840
Im Labyrinth der Täler hinzuschleichen,
Dann diesen Felsen zu ersteigen,
Von dem der Quell sich ewig sprudelnd stürzt,
Das ist die Lust, die solche Pfade würzt!
Der Frühling webt schon in den Birken   3845
Und selbst die Fichte fühlt ihn schon;
Sollt' er nicht auch auf unsre Glieder wirken?

MEPHISTOPHELES.
Fürwahr ich spüre nichts davon!
Mir ist es winterlich im Leibe;
Ich wünschte Schnee und Frost auf meiner Bahn.   3850
Wie traurig steigt die unvollkommne Scheibe
Des roten Monds mit später Glut heran,
Und leuchtet schlecht, dass man bei jedem Schritte,
Vor einen Baum, vor einen Felsen rennt!
Erlaub dass ich ein Irrlicht bitte!   3855
Dort seh ich eins, das eben lustig brennt.
He da! mein Freund! Darf ich dich zu uns fodern?
Was willst du so vergebens lodern?
Sei doch so gut und leucht uns da hinauf!

IRRLICHT.
    Aus Ehrfurcht, hoff ich, soll es mir gelingen,   3860
    Mein leichtes Naturell zu zwingen;
    Nur zickzack geht gewöhnlich unser Lauf.
MEPHISTOPHELES.
    Ei! Ei! Er denkt's den Menschen nachzuahmen.
    Geh' Er nur grad, in 's Teufels Namen!
    Sonst blas ich Ihm sein Flacker-Leben aus.   3865
IRRLICHT. Ich merke wohl, Ihr seid der Herr vom Haus,
    Und will mich gern nach Euch bequemen.
    Allein bedenkt! der Berg ist heute zaubertoll,
    Und wenn ein Irrlicht Euch die Wege weisen soll,
    So müsst Ihr's so genau nicht nehmen.   3870

    FAUST, MEPHISTOPHELES, IRRLICHT *im Wechselgesang.*
        In die Traum- und Zaubersphäre
        Sind wir, scheint es, eingegangen.
        Führ uns gut und mach dir Ehre!
        Dass wir vorwärts bald gelangen,
        In den weiten öden Räumen.   3875

        Seh die Bäume hinter Bäumen,
        Wie sie schnell vorüberrücken,
        Und die Klippen, die sich bücken,
        Und die langen Felsennasen,
        Wie sie schnarchen, wie sie blasen!   3880

        Durch die Steine, durch den Rasen
        Eilet Bach und Bächlein nieder.
        Hör ich Rauschen? hör ich Lieder?
        Hör ich holde Liebesklage,
        Stimmen jener Himmelstage?   3885
        Was wir hoffen, was wir lieben!
        Und das Echo, wie die Sage
        Alter Zeiten, hallet wider.

        Uhu! Schuhu! tönt es näher,
        Kauz und Kiebitz und der Häher,   3890
        Sind sie alle wach geblieben?
        Sind das Molche durchs Gesträuche?
        Lange Beine, dicke Bäuche!
        Und die Wurzeln, wie die Schlangen,
        Winden sich aus Fels und Sande,   3895

Strecken wunderliche Bande,
Uns zu schrecken, uns zu fangen;
Aus belebten derben Masern
Strecken sie Polypenfasern
Nach dem Wandrer. Und die Mäuse   3900
Tausendfärbig, scharenweise,
Durch das Moos und durch die Heide!
Und die Funkenwürmer fliegen,
Mit gedrängten Schwärme-Zügen,
Zum verwirrenden Geleite.   3905

Aber sag mir ob wir stehen,
Oder ob wir weiter gehen?
Alles, alles scheint zu drehen,
Fels und Bäume, die Gesichter
Schneiden, und die irren Lichter,   3910
Die sich mehren, die sich blähen.

MEPHISTOPHELES. Fasse wacker meinen Zipfel!
  Hier ist so ein Mittelgipfel,
  Wo man mit Erstaunen sieht,
  Wie im Berg der Mammon glüht.   3915
FAUST. Wie seltsam glimmert durch die Gründe
  Ein morgenrötlich trüber Schein!
  Und selbst bis in die tiefen Schlünde
  Des Abgrunds wittert er hinein.
  Da steigt ein Dampf, dort ziehen Schwaden,   3920
  Hier leuchtet Glut aus Dunst und Flor,
  Dann schleicht sie wie ein zarter Faden,
  Dann bricht sie wie ein Quell hervor.
  Hier schlingt sie eine ganze Strecke,
  Mit hundert Adern, sich durchs Tal,   3925
  Und hier in der gedrängten Ecke
  Vereinzelt sie sich auf einmal.
  Da sprühen Funken in der Nähe,
  Wie ausgestreuter goldner Sand.
  Doch schau! in ihrer ganzen Höhe   3930
  Entzündet sich die Felsenwand.
MEPHISTOPHELES. Erleuchtet nicht zu diesem Feste
  Herr Mammon prächtig den Palast?
  Ein Glück dass du's gesehen hast;
  Ich spüre schon die ungestümen Gäste.   3935

FAUST. Wie rast die Windsbraut durch die Luft!
  Mit welchen Schlägen trifft sie meinen Nacken!
MEPHISTOPHELES. Du musst des Felsens alte Rippen packen;
  Sonst stürzt sie dich hinab in dieser Schlünde Gruft.
  Ein Nebel verdichtet die Nacht.   3940
  Höre wie's durch die Wälder kracht!
  Aufgescheucht fliegen die Eulen.
  Hör es splittern die Säulen
  Ewig grüner Päläste.
  Girren und Brechen der Äste   3945
  Der Stämme mächtiges Dröhnen!
  Der Wurzeln Knarren und Gähnen!
  Im fürchterlich verworrenen Falle
  Übereinander krachen sie alle,
  Und durch die übertrümmerten Klüfte   3950
  Zischen und heulen die Lüfte.
  Hörst du Stimmen in der Höhe?
  In der Ferne, in der Nähe?
  Ja, den ganzen Berg entlang
  Strömt ein wütender Zaubergesang!   3955
HEXEN *(im Chor)*.
          Die Hexen zu dem Brocken ziehn,
          Die Stoppel ist gelb, die Saat ist grün.
          Dort sammelt sich der große Hauf,
          Herr Urian sitzt oben auf.
          So geht es über Stein und Stock,   3960
          Es f–t die Hexe, es st–t der Bock.
STIMME.   Die alte Baubo kommt allein;
          Sie reitet auf einem Mutterschwein.
CHOR.   So Ehre dem, wem Ehre gebührt!
          Frau Baubo vor! und angeführt!   3965
          Ein tüchtig Schwein und Mutter drauf,
          Da folgt der ganze Hexenhauf.
STIMME. Welchen Weg kommst du her?
STIMME.   Übern Ilsenstein!
  Da guckt ich der Eule ins Nest hinein.
  Die macht ein Paar Augen!
STIMME.   O fahre zur Hölle!   3970
  Was reitst du so schnelle!
STIMME. Mich hat sie geschunden,
  Da sieh nur die Wunden!

HEXEN. *(Chor.)* Der Weg ist breit, der Weg ist lang,
Was ist das für ein toller Drang? 3975
Die Gabel sticht, der Besen kratzt,
Das Kind erstickt, die Mutter platzt.

HEXENMEISTER. *(Halbes Chor.)*
Wir schleichen wie die Schneck im Haus,
Die Weiber alle sind voraus.
Denn, geht es zu des Bösen Haus, 3980
Das Weib hat tausend Schritt voraus.

ANDRE HÄLFTE. Wir nehmen das nicht so genau,
Mit tausend Schritten macht's die Frau;
Doch, wie sie auch sich eilen kann,
Mit einem Sprunge macht's der Mann. 3985

STIMME *(oben)*. Kommt mit, kommt mit, vom Felsensee!

STIMMEN *(von unten)*.
Wir möchten gerne mit in die Höh.
Wir waschen und blank sind wir ganz und gar;
Aber auch ewig unfruchtbar.

BEIDE CHÖRE.
Es schweigt der Wind, es flieht der Stern, 3990
Der trübe Mond verbirgt sich gern.
Im Sausen sprüht das Zauber-Chor
Viel tausend Feuerfunken hervor.

STIMME *(von unten)*. Halte! Halte!

STIMME *(von oben)*. Wer ruft da aus der Felsenspalte? 3995

STIMME *(unten)*. Nehmt mich mit! Nehmt mich mit!
Ich steige schon dreihundert Jahr,
Und kann den Gipfel nicht erreichen.
Ich wäre gern bei meinesgleichen.

BEIDE CHÖRE. Es trägt der Besen, trägt der Stock, 4000
Die Gabel trägt, es trägt der Bock;
Wer heute sich nicht heben kann,
Ist ewig ein verlorner Mann.

HALBHEXE *(unten)*. Ich tripple nach, so lange Zeit;
Wie sind die andern schon so weit! 4005
Ich hab zu Hause keine Ruh,
Und komme hier doch nicht dazu.

CHOR DER HEXEN. Die Salbe gibt den Hexen Mut,
Ein Lumpen ist zum Segel gut,
Ein gutes Schiff ist jeder Trog; 4010
Der flieget nie, der heut nicht flog.

BEIDE CHÖRE. Und wenn wir um den Gipfel ziehn,
    So streichet an dem Boden hin.
    Und deckt die Heide weit und breit
    Mit eurem Schwarm der Hexenheit.   4015
    (Sie lassen sich nieder.)
MEPHISTOPHELES.
    Das drängt und stößt, das ruscht und klappert!
    Das zischt und quirlt, das zieht und plappert!
    Das leuchtet, sprüht und stinkt und brennt!
    Ein wahres Hexenelement!
    Nur fest an mir! sonst sind wir gleich getrennt.   4020
    Wo bist du?
FAUST *(in der Ferne).*   Hier!
MEPHISTOPHELES.   Was! dort schon hingerissen?
    Da werd ich Hausrecht brauchen müssen.
    Platz! Junker Voland kommt. Platz! süßer Pöbel, Platz!
    Hier, Doktor, fasse mich! und nun, in Einem Satz,
    Lass uns aus dem Gedräng entweichen;   4025
    Es ist zu toll, sogar für meinesgleichen.
    Dort neben leuchtet was mit ganz besondrem Schein,
    Es zieht mich was nach jenen Sträuchen.
    Komm, komm! wir schlupfen da hinein.
FAUST.
    Du Geist des Widerspruchs! Nur zu! du magst mich führen.
    Ich denke doch, das war recht klug gemacht;   4031
    Zum Brocken wandeln wir in der Walpurgisnacht,
    Um uns beliebig nun hieselbst zu isolieren.
MEPHISTOPHELES. Da sieh nur welche bunten Flammen!
    Es ist ein muntrer Klub beisammen.   4035
    Im Kleinen ist man nicht allein.
FAUST. Doch droben möcht ich lieber sein!
    Schon seh ich Glut und Wirbelrauch.
    Dort strömt die Menge zu dem Bösen;
    Da muss sich manches Rätsel lösen.   4040
MEPHISTOPHELES. Doch manches Rätsel knüpft sich auch.
    Lass du die große Welt nur sausen,
    Wir wollen hier im Stillen hausen,
    Es ist doch lange hergebracht,
    Dass in der großen Welt man kleine Welten macht.   4045
    Da seh ich junge Hexchen nackt und bloß,
    Und alte die sich klug verhüllen.

Seid freundlich, nur um meinetwillen;
Die Müh ist klein, der Spaß ist groß.
Ich höre was von Instrumenten tönen!   4050
Verflucht Geschnarr! Man muss sich dran gewöhnen.
Komm mit! Komm mit! Es kann nicht anders sein,
Ich tret heran und führe dich herein,
Und ich verbinde dich aufs Neue.
Was sagst du, Freund? das ist kein kleiner Raum.   4055
Da sieh nur hin! du siehst das Ende kaum.
Ein Hundert Feuer brennen in der Reihe;
Man tanzt, man schwatzt, man kocht, man trinkt, man liebt;
Nun sage mir, wo es was Bessers gibt?

FAUST. Willst du dich nun, um uns hier einzuführen   4060
Als Zauberer oder Teufel produzieren?

MEPHISTOPHELES.
Zwar bin ich sehr gewohnt incognito zu gehn;
Doch lässt am Galatag man seinen Orden sehn.
Ein Knieband zeichnet mich nicht aus,
Doch ist der Pferdefuß hier ehrenvoll zu Haus.   4065
Siehst du die Schnecke da? Sie kommt herangekrochen;
Mit ihrem tastenden Gesicht
Hat sie mir schon was abgerochen.
Wenn ich auch will, verleugn' ich hier mich nicht.
Komm nur! von Feuer gehen wir zu Feuer,   4070
Ich bin der Werber und du bist der Freier.
(Zu einigen, die um verglimmende Kohlen sitzen.)
Ihr alten Herrn, was macht ihr hier am Ende?
Ich lob' euch, wenn ich euch hübsch in der Mitte fände,
Von Saus umzirkt und Jugendbraus;
Genug allein ist jeder ja zu Haus.   4075

GENERAL. Wer mag auf Nationen trauen!
Man habe noch so viel für sie getan;
Denn bei dem Volk, wie bei den Frauen,
Steht immerfort die Jugend obenan.

MINISTER.
Jetzt ist man von dem Rechten allzu weit,   4080
Ich lobe mir die guten Alten;
Denn freilich, da wir alles galten,
Da war die rechte goldne Zeit.

PARVENU. Wir waren wahrlich auch nicht dumm,
Und taten oft was wir nicht sollten;   4085

Doch jetzo kehrt sich alles um und um,
Und eben da wir's fest erhalten wollten.
AUTOR. Wer mag wohl überhaupt jetzt eine Schrift
Von mäßig klugem Inhalt lesen!
Und was das liebe junge Volk betrifft, 4090
Das ist noch nie so naseweis gewesen.
MEPHISTOPHELES *(der auf einmal sehr alt erscheint).*
Zum Jüngsten Tag fühl ich das Volk gereift,
Da ich zum letzten Mal den Hexenberg ersteige,
Und, weil mein Fässchen trübe läuft,
So ist die Welt auch auf der Neige. 4095
TRÖDELHEXE. Ihr Herren geht nicht so vorbei!
Lasst die Gelegenheit nicht fahren!
Aufmerksam blickt nach meinen Waren;
Es steht dahier gar mancherlei.
Und doch ist nichts in meinem Laden, 4100
Dem keiner auf der Erde gleicht,
Das nicht einmal zum tücht'gen Schaden
Der Menschen und der Welt gereicht.
Kein Dolch ist hier, von dem nicht Blut geflossen,
Kein Kelch, aus dem nicht heiß, in ganz gesunden Leib, 4105
Verzehrend heißes Gift ergossen,
Kein Schmuck, der nicht ein liebenswürdig Weib
Verführt, kein Schwert das nicht den Bund gebrochen,
Nicht etwa hinterrücks den Gegenmann durchstochen.
MEPHISTOPHELES.
Frau Muhme! Sie versteht mir schlecht die Zeiten, 4110
Getan geschehn! Geschehn getan!
Verleg' Sie sich auf Neuigkeiten!
Nur Neuigkeiten ziehn uns an.
FAUST. Dass ich mich nur nicht selbst vergesse!
Heiß ich mir das doch eine Messe! 4115
MEPHISTOPHELES. Der ganze Strudel strebt nach oben;
Du glaubst zu schieben und du wirst geschoben.
FAUST. Wer ist denn das?
MEPHISTOPHELES.   Betrachte sie genau!
Lilith ist das.
FAUST.   Wer?
MEPHISTOPHELES.   Adams erste Frau.
Nimm dich in Acht vor ihren schönen Haaren 4120
Vor diesem Schmuck, mit dem sie einzig prangt.

Wenn sie damit den jungen Mann erlangt,
So lässt sie ihn so bald nicht wieder fahren.
FAUST. Da sitzen zwei, die Alte mit der Jungen;
Die haben schon was Rechts gesprungen!　　　　4125
MEPHISTOPHELES. Das hat nun heute keine Ruh.
Es geht zum neuen Tanz; nun komm! wir greifen zu.
FAUST *(mit der Jungen tanzend)*.

  Einst hatt ich einen schönen Traum;
  Da sah ich einen Apfelbaum,
  Zwei schöne Äpfel glänzten dran,　　　　4130
  Sie reizten mich, ich stieg hinan.
DIE SCHÖNE. Der Äpfelchen begehrt ihr sehr
  Und schon vom Paradiese her.
  Von Freuden fühl ich mich bewegt,
  Dass auch mein Garten solche trägt.　　　　4135
MEPHISTOPHELES *(mit der Alten)*.

  Einst hatt ich einen wüsten Traum;
  Da sah ich einen gespaltnen Baum,
  Der hatt ein – – –;
  So – es war, gefiel mir's doch.
DIE ALTE. Ich biete meinen besten Gruß　　　　4140
  Dem Ritter mit dem Pferdefuß
  Halt' Er einen – – bereit,
  Wenn er – – – nicht scheut.
PROKTOPHANTASMIST.

  Verfluchtes Volk! was untersteht ihr euch?
  Hat man euch lange nicht bewiesen,　　　　4145
  Ein Geist steht nie auf ordentlichen Füßen?
  Nun tanzt ihr gar, uns andern Menschen gleich!
DIE SCHÖNE *(tanzend)*.

  Was will denn der auf unserm Ball?
FAUST *(tanzend)*.

  Ei! der ist eben überall.
  Was andre tanzen muss er schätzen.　　　　4150
  Kann er nicht jeden Schritt beschwätzen,
  So ist der Schritt so gut als nicht geschehn.
  Am meisten ärgert ihn, sobald wir vorwärts gehn.
  Wenn ihr euch so im Kreise drehen wolltet,
  Wie er's in seiner alten Mühle tut,　　　　4155
  Das hieß' er allenfalls noch gut;
  Besonders wenn ihr ihn darum begrüßen solltet.

PROKTOPHANTASMIST.
Ihr seid noch immer da! Nein das ist unerhört.
Verschwindet doch! Wir haben ja aufgeklärt!
Das Teufelspack es fragt nach keiner Regel. 4160
Wir sind so klug und dennoch spukt's in Tegel.
Wie lange hab ich nicht am Wahn hinausgekehrt
Und nie wird's rein, das ist doch unerhört!
DIE SCHÖNE. So hört doch auf uns hier zu ennuyieren!
PROKTOPHANTASMIST.
Ich sag's euch Geistern ins Gesicht, 4165
Den Geistesdespotismus leid ich nicht;
Mein Geist kann ihn nicht exerzieren.
(Es wird fortgetanzt.)
Heut, seh ich, will mir nichts gelingen;
Doch eine Reise nehm ich immer mit
Und hoffe noch, vor meinem letzten Schritt, 4170
Die Teufel und die Dichter zu bezwingen.
MEPHISTOPHELES. Er wird sich gleich in eine Pfütze setzen,
Das ist die Art wie er sich soulagiert,
Und wenn Blutegel sich an seinem Steiß ergetzen,
Ist er von Geistern und von Geist kuriert. 4175
(Zu Faust, der aus dem Tanz getreten ist.)
Was lässest du das schöne Mädchen fahren?
Das dir zum Tanz so lieblich sang.
FAUST. Ach! mitten im Gesange sprang
Ein rotes Mäuschen ihr aus dem Munde.
MEPHISTOPHELES.
Das ist was Rechts! Das nimmt man nicht genau; 4180
Genug die Maus war doch nicht grau.
Wer fragt darnach in einer Schäferstunde?
FAUST. Dann sah ich –
MEPHISTOPHELES.   Was?
FAUST.   Mephisto, siehst du dort
Ein blasses, schönes Kind allein und ferne stehen?
Sie schiebt sich langsam nur vom Ort, 4185
Sie scheint mit geschlossnen Füßen zu gehen.
Ich muss bekennen, dass mir deucht,
Dass sie dem guten Gretchen gleicht.
MEPHISTOPHELES.
Lass das nur stehn! Dabei wird's niemand wohl.
Es ist ein Zauberbild, ist leblos, ein Idol. 4190

Ihm zu begegnen ist nicht gut;
Vom starren Blick erstarrt des Menschen Blut,
Und er wird fast in Stein verkehrt,
Von der Meduse hast du ja gehört.

FAUST. Fürwahr es sind die Augen einer Toten,   4195
Die eine liebende Hand nicht schloss.
Das ist die Brust, die Gretchen mir geboten,
Das ist der süße Leib, den ich genoss.

MEPHISTOPHELES.
Das ist die Zauberei, du leicht verführter Tor!
Denn jedem kommt sie wie sein Liebchen vor.   4200

FAUST. Welch eine Wonne! welch ein Leiden!
Ich kann von diesem Blick nicht scheiden.
Wie sonderbar muss diesen schönen Hals
Ein einzig rotes Schnürchen schmücken,
Nicht breiter als ein Messerrücken!   4205

MEPHISTOPHELES. Ganz recht! ich seh es ebenfalls.
Sie kann das Haupt auch unterm Arme tragen;
Denn Perseus hat's ihr abgeschlagen. –
Nur immer diese Lust zum Wahn!
Komm doch das Hügelchen heran,   4210
Hier ist's so lustig wie im Prater;
Und hat man mir's nicht angetan,
So seh ich wahrlich ein Theater.
Was gibt's denn da?

SERVIBILIS.   Gleich fängt man wieder an.
Ein neues Stück, das letzte Stück von sieben;   4215
So viel zu geben ist allhier der Brauch.
Ein Dilettant hat es geschrieben,
Und Dilettanten spielen's auch.
Verzeiht ihr Herrn, wenn ich verschwinde;
Mich dilettiert's den Vorhang aufzuziehn.   4220

MEPHISTOPHELES.
Wenn ich euch auf dem Blocksberg finde,
Das find ich gut; denn da gehört ihr hin.

Walpurgisnachtstraum
oder
Oberons und Titanias goldne Hochzeit

Intermezzo

THEATERMEISTER. Heute ruhen wir einmal
    Miedings wackre Söhne.
    Alter Berg und feuchtes Tal,   4225
    Das ist die ganze Szene!

HEROLD. Dass die Hochzeit golden sei
    Soll'n funfzig Jahr sein vorüber;
    Aber ist der Streit vorbei,
    Das golden ist mir lieber.   4230

OBERON. Seid ihr Geister wo ich bin,
    So zeigt's in diesen Stunden;
    König und die Königin,
    Sie sind aufs Neu verbunden.

PUCK. Kommt der Puck und dreht sich quer   4235
    Und schleift den Fuß im Reihen;
    Hundert kommen hinterher
    Sich auch mit ihm zu freuen.

ARIEL. Ariel bewegt den Sang
    In himmlisch reinen Tönen;   4240
    Viele Fratzen lockt sein Klang,
    Doch lockt er auch die Schönen.

OBERON. Gatten die sich vertragen wollen,
    Lernen's von uns beiden!
    Wenn sich zweie lieben sollen,   4245
    Braucht man sie nur zu scheiden.

TITANIA. Schmollt der Mann und grillt die Frau,
    So fasst sie nur behende,
    Führt mir nach dem Mittag Sie
    Und Ihn an Nordens Ende.   4250

ORCHESTER TUTTI (*Fortissimo*). Fliegenschnauz und Mückennas
    Mit ihren Anverwandten,
    Frosch im Laub und Grill' im Gras
    Das sind die Musikanten!

SOLO. Seht da kommt der Dudelsack!   4255
    Es ist die Seifenblase.

Hört den Schneckeschnickeschnack
Durch seine stumpfe Nase.

GEIST DER SICH ERST BILDET.

Spinnenfuß und Krötenbauch
Und Flügelchen dem Wichtchen!   4260
Zwar ein Tierchen gibt es nicht,
Doch gibt es ein Gedichtchen.

EIN PÄRCHEN. Kleiner Schritt und hoher Sprung
Durch Honigtau und Düfte;
Zwar du trippelst mir genung,   4265
Doch geht's nicht in die Lüfte.

NEUGIERIGER REISENDER.

Ist das nicht Maskeraden-Spott?
Soll ich den Augen trauen?
Oberon den schönen Gott
Auch heute hier zu schauen!   4270

ORTHODOX. Keine Klauen, keinen Schwanz!
Doch bleibt es außer Zweifel,
So wie die Götter Griechenlands,
So ist auch er ein Teufel.

NORDISCHER KÜNSTLER.

Was ich ergreife das ist heut   4275
Fürwahr nur skizzenweise;
Doch ich bereite mich beizeit
Zur italien'schen Reise.

PURIST. Ach! mein Unglück führt mich her:
Wie wird nicht hier geludert!   4280
Und von dem ganzen Hexenheer
Sind zweie nur gepudert.

JUNGE HEXE. Der Puder ist so wie der Rock
Für alt' und graue Weibchen;
Drum sitz ich nackt auf meinem Bock   4285
Und zeig ein derbes Leibchen.

MATRONE. Wir haben zu viel Lebensart
Um hier mit euch zu maulen;
Doch hoff ich, sollt ihr jung und zart,
So wie ihr seid, verfaulen.   4290

KAPELLMEISTER. Fliegenschnauz und Mückennas
Umschwärmt mir nicht die Nackte!
Frosch im Laub und Grill' im Gras
So bleibt doch auch im Takte!

WINDFAHNE *(nach der einen Seite).*
    Gesellschaft wie man wünschen kann.   4295
    Wahrhaftig lauter Bräute!
    Und Junggesellen, Mann für Mann,
    Die hoffnungsvollsten Leute.

WINDFAHNE *(nach der andern Seite).*
    Und tut sich nicht der Boden auf
    Sie alle zu verschlingen,   4300
    So will ich mit behendem Lauf
    Gleich in die Hölle springen.

XENIEN.   Als Insekten sind wir da,
    Mit kleinen scharfen Scheren,
    Satan, unsern Herrn Papa,   4305
    Nach Würden zu verehren.

HENNINGS. Seht! wie sie in gedrängter Schar
    Naiv zusammen scherzen.
    Am Ende sagen sie noch gar,
    Sie hätten gute Herzen.   4310

MUSAGET. Ich mag in diesem Hexenheer
    Mich gar zu gern verlieren;
    Denn freilich diese wüsst ich eh'r,
    Als Musen anzuführen.

CI-DEVANT GENIUS DER ZEIT.
    Mit rechten Leuten wird man was.   4315
    Komm, fasse meinen Zipfel!
    Der Blocksberg, wie der deutsche Parnass,
    Hat gar einen breiten Gipfel.

NEUGIERIGER REISENDER. Sagt wie heißt der steife Mann?
    Er geht mit stolzen Schritten.   4320
    Er schnopert was er schnopern kann.
    »Er spürt nach Jesuiten.«

KRANICH. In dem Klaren mag ich gern
    Und auch im Trüben fischen;
    Darum seht ihr den frommen Herrn   4325
    Sich auch mit Teufeln mischen.

WELTKIND. Ja für die Frommen, glaubet mir,
    Ist alles ein Vehikel;
    Sie bilden auf dem Blocksberg hier
    Gar manches Konventikel.   4330

TÄNZER.   Da kommt ja wohl ein neues Chor?
    Ich höre ferne Trommeln.

Nur ungestört! es sind im Rohr
Die unisonen Dommeln.

TANZMEISTER. Wie jeder doch die Beine lupft!   4335
Sich wie er kann herauszieht!
Der Krumme springt, der Plumpe hupft
Und fragt nicht wie es aussieht.

FIDELER.   Das hasst sich schwer das Lumpenpack
Und gäb sich gern das Restchen;   4340
Es eint sie hier der Dudelsack
Wie Orpheus' Leier die Bestien.

DOGMATIKER. Ich lasse mich nicht irre schrein,
Nicht durch Kritik noch Zweifel.
Der Teufel muss doch etwas sein;   4345
Wie gäb's denn sonst auch Teufel?

IDEALIST.   Die Phantasie in meinem Sinn
Ist diesmal gar zu herrisch.
Fürwahr, wenn ich das alles bin,
So bin ich heute närrisch.   4350

REALIST.   Das Wesen ist mir recht zur Qual
Und muss mich bass verdrießen;
Ich stehe hier zum ersten Mal
Nicht fest auf meinen Füßen.

SUPERNATURALIST. Mit viel Vergnügen bin ich da   4355
Und freue mich mit diesen;
Denn von den Teufeln kann ich ja
Auf gute Geister schließen.

SKEPTIKER. Sie gehn den Flämmchen auf der Spur,
Und glaub'n sich nah dem Schatze.   4360
Auf Teufel reimt der Zweifel nur;
Da bin ich recht am Platze.

KAPELLMEISTER. Frosch im Laub und Grill' im Gras
Verfluchte Dilettanten!
Fliegenschnauz und Mückennas   4365
Ihr seid doch Musikanten!

DIE GEWANDTEN. Sanssouci so heißt das Heer
Von lustigen Geschöpfen,
Auf den Füßen geht's nicht mehr,
Drum gehn wir auf den Köpfen.   4370

DIE UNBEHÜLFLICHEN.
Sonst haben wir manchen Bissen erschranzt,
Nun aber Gott befohlen!

Unsere Schuhe sind durchgetanzt,
Wir laufen auf nackten Sohlen.

IRRLICHTER. Von dem Sumpfe kommen wir, 4375
Woraus wir erst entstanden;
Doch sind wir gleich im Reihen hier
Die glänzenden Galanten.

STERNSCHNUPPE. Aus der Höhe schoss ich her
Im Stern- und Feuerscheine, 4380
Liege nun im Grase quer,
Wer hilft mir auf die Beine?

DIE MASSIVEN. Platz und Platz! und ringsherum!
So gehn die Gräschen nieder,
Geister kommen, Geister auch 4385
Sie haben plumpe Glieder.

PUCK. Tretet nicht so mastig auf
Wie Elefantenkälber,
Und der Plumpst' an diesem Tag
Sei Puck der Derbe selber. 4390

ARIEL. Gab die liebende Natur
Gab der Geist euch Flügel,
Folget meiner leichten Spur,
Auf zum Rosenhügel!

ORCHESTER *(Pianissimo)*. Wolkenzug und Nebelflor 4395
Erhellen sich von oben.
Luft im Laub und Wind im Rohr,
Und alles ist zerstoben.

Trüber Tag
Feld

FAUST. MEPHISTOPHELES.

FAUST. Im Elend! Verzweifelnd! Erbärmlich auf der Erde lange
verirrt und nun gefangen! Als Missetäterin im Kerker zu ent-
setzlichen Qualen eingesperrt das holde unselige Geschöpf!
Bis dahin! dahin! – Verräterischer, nichtswürdiger Geist, und
das hast du mir verheimlicht! – Steh nur, steh! Wälze die
teuflischen Augen ingrimmend im Kopf herum! Steh und
trutze mir durch deine unerträgliche Gegenwart! Gefangen!
Im unwiederbringlichen Elend! Bösen Geistern übergeben

und der richtenden gefühllosen Menschheit! Und mich wiegst du indes in abgeschmackten Zerstreuungen, verbirgst mir ihren wachsenden Jammer und lässest sie hülflos verderben!

MEPHISTOPHELES. Sie ist die Erste nicht.

FAUST. Hund! abscheuliches Untier! – Wandle ihn, du unendlicher Geist! wandle den Wurm wieder in seine Hundsgestalt, wie er sich oft nächtlicherweise gefiel vor mir herzutrotten, dem harmlosen Wandrer vor die Füße zu kollern und sich dem niederstürzenden auf die Schultern zu hängen. Wandl' ihn wieder in seine Lieblingsbildung, dass er vor mir im Sand auf dem Bauch krieche, ich ihn mit Füßen trete, den Verworfnen! – Die Erste nicht! – Jammer! Jammer! von keiner Menschenseele zu fassen, dass mehr als ein Geschöpf in die Tiefe dieses Elendes versank, dass nicht das erste genugtat für die Schuld aller übrigen in seiner windenden Todesnot vor den Augen des ewig Verzeihenden! Mir wühlt es Mark und Leben durch, das Elend dieser Einzigen; du grinsest gelassen über das Schicksal von Tausenden hin!

MEPHISTOPHELES. Nun sind wir schon wieder an der Grenze unsres Witzes, da wo euch Menschen der Sinn überschnappt. Warum machst du Gemeinschaft mit uns, wenn du sie nicht durchführen kannst? Willst fliegen und bist vorm Schwindel nicht sicher? Drangen wir uns dir auf, oder du dich uns?

FAUST. Fletsche deine gefräßigen Zähne mir nicht so entgegen! Mir ekelt's! – Großer herrlicher Geist, der du mir zu erscheinen würdigtest, der du mein Herz kennest und meine Seele, warum an den Schandgesellen mich schmieden, der sich am Schaden weidet und an Verderben sich letzt?

MEPHISTOPHELES. Endigst du?

FAUST. Rette sie! oder weh dir! Den grässlichsten Fluch über dich auf Jahrtausende!

MEPHISTOPHELES. Ich kann die Bande des Rächers nicht lösen, seine Riegel nicht öffnen. – Rette sie! – Wer war's, der sie ins Verderben stürzte? Ich oder du?

(Faust blickt wild umher.)

Greifst du nach dem Donner? Wohl, dass er euch elenden Sterblichen nicht gegeben ward! Den unschuldig Entgegnenden zu zerschmettern, das ist so Tyrannen-Art sich in Verlegenheiten Luft zu machen.

FAUST. Bringe mich hin! Sie soll frei sein!

MEPHISTOPHELES. Und die Gefahr der du dich aussetzest?

Wisse, noch liegt auf der Stadt Blutschuld von deiner Hand.
Über des Erschlagenen Stätte schweben rächende Geister
und lauern auf den wiederkehrenden Mörder.
FAUST. Noch das von dir? Mord und Tod einer Welt über dich
Ungeheuer! Führe mich hin, sag ich, und befrei sie!
MEPHISTOPHELES. Ich führe dich und was ich tun kann, höre!
Habe ich alle Macht im Himmel und auf Erden? Des Türners
Sinne will ich umnebeln, bemächtige dich der Schlüssel und
führe sie heraus mit Menschenhand. Ich wache! die Zauber-
pferde sind bereit, ich entführe euch. Das vermag ich.
FAUST. Auf und davon!

Nacht, offen Feld

FAUST, MEPHISTOPHELES,
auf schwarzen Pferden daherbrausend.

FAUST. Was weben die dort um den Rabenstein?
MEPHISTOPHELES. Weiß nicht was sie kochen und schaffen. 4400
FAUST. Schweben auf, schweben ab, neigen sich, beugen sich.
MEPHISTOPHELES. Eine Hexenzunft.
FAUST. Sie streuen und weihen.
MEPHISTOPHELES. Vorbei! Vorbei!

Kerker

FAUST *(mit einem Bund Schlüssel und einer Lampe, vor einem
eisernen Türchen).*
Mich fasst ein längst entwohnter Schauer,   4405
Der Menschheit ganzer Jammer fasst mich an.
Hier wohnt sie hinter dieser feuchten Mauer,
Und ihr Verbrechen war ein guter Wahn!
Du zauderst zu ihr zu gehen!
Du fürchtest sie wieder zu sehen!   4410
Fort! Dein Zagen zögert den Tod heran.
(Er ergreift das Schloss. Es singt inwendig.)

Meine Mutter, die Hur,
Die mich umgebracht hat!

Mein Vater, der Schelm,
Der mich gessen hat!   4415
Mein Schwesterlein klein
Hub auf die Bein',
An einem kühlen Ort;
Da ward ich ein schönes Waldvögelein;
Fliege fort, fliege fort!   4420

FAUST (*aufschließend*).
Sie ahnet nicht, dass der Geliebte lauscht,
Die Ketten klirren hört, das Stroh das rauscht. (*Er tritt ein*).
MARGARETE (*sich auf dem Lager verbergend*).
Weh! Weh! Sie kommen. Bittrer Tod!
FAUST (*leise*). Still! Still! ich komme dich zu befreien.
MARGARETE (*sich vor ihn hinwälzend*).
Bist du ein Mensch, so fühle meine Not.   4425
FAUST. Du wirst die Wächter aus dem Schlafe schreien!
(*Er fasst die Ketten, sie aufzuschließen.*)
MARGARETE (*auf den Knieen*).
Wer hat dir Henker diese Macht
Über mich gegeben!
Du holst mich schon um Mitternacht.
Erbarme dich und lass mich leben!   4430
Ist's morgen früh nicht zeitig genung? (*Sie steht auf.*)
Bin ich doch noch so jung, so jung!
Und soll schon sterben!
Schön war ich auch, und das war mein Verderben.
Nah war der Freund, nun ist er weit;   4435
Zerrissen liegt der Kranz, die Blumen zerstreut.
Fasse mich nicht so gewaltsam an!
Schone mich! Was hab ich dir getan?
Lass mich nicht vergebens flehen,
Hab ich dich doch mein Tage nicht gesehen!   4440
FAUST. Werd ich den Jammer überstehen!
MARGARETE. Ich bin nun ganz in deiner Macht.
Lass mich nur erst das Kind noch tränken.
Ich herzt es diese ganze Nacht;
Sie nahmen mir's um mich zu kränken   4445
Und sagen nun, ich hätt es umgebracht.
Und niemals werd ich wieder froh.
Sie singen Lieder auf mich! Es ist bös von den Leuten!

Ein altes Märchen endigt so,
Wer heißt sie's deuten? 4450
FAUST *(wirft sich nieder).*
  Ein Liebender liegt dir zu Füßen
  Die Jammerknechtschaft aufzuschließen.
MARGARETE *(wirft sich zu ihm).*
  O lass uns knien die Heil'gen anzurufen!
  Sieh! unter diesen Stufen,
  Unter der Schwelle 4455
  Siedet die Hölle!
  Der Böse,
  Mit furchtbarem Grimme,
  Macht ein Getöse!
FAUST *(laut).* Gretchen! Gretchen! 4460
MARGARETE *(aufmerksam).*
  Das war des Freundes Stimme!
  (Sie springt auf. Die Ketten fallen ab.)
  Wo ist er? Ich hab ihn rufen hören.
  Ich bin frei! Mir soll niemand wehren.
  An seinen Hals will ich fliegen,
  An seinem Busen liegen! 4465
  Er rief Gretchen! Er stand auf der Schwelle.
  Mitten durchs Heulen und Klappen der Hölle,
  Durch den grimmigen, teuflischen Hohn,
  Erkannt ich den süßen, den liebenden Ton.
FAUST. Ich bin's!
MARGARETE.   Du bist's! O sag es noch einmal! 4470
  (Ihn fassend.) Er ist's! Er ist's! Wohin ist alle Qual?
  Wohin die Angst des Kerkers? der Ketten?
  Du bist's! Kommst mich zu retten!
  Ich bin gerettet! –
  Schon ist die Straße wieder da, 4475
  Auf der ich dich zum ersten Male sah.
  Und der heitere Garten,
  Wo ich und Marthe deiner warten.
FAUST *(fortstrebend).* Komm mit! Komm mit!
MARGARETE.   O weile!
  Weil' ich doch so gern wo du weilest. *(Liebkosend.)* 4480
FAUST. Eile!
  Wenn du nicht eilest,
  Werden wir's teuer büßen müssen.

MARGARETE. Wie? du kannst nicht mehr küssen?
  Mein Freund, so kurz von mir entfernt,   4485
  Und hast 's Küssen verlernt?
  Warum wird mir an deinem Halse so bang?
  Wenn sonst von deinen Worten, deinen Blicken
  Ein ganzer Himmel mich überdrang,
  Und du mich küsstest als wolltest du mich ersticken.   4490
  Küsse mich!
  Sonst küss ich dich! *(Sie umfasst ihn.)*
  O weh! deine Lippen sind kalt,
  Sind stumm.
  Wo ist dein Lieben   4495
  Geblieben?
  Wer brachte mich drum? *(Sie wendet sich von ihm.)*
FAUST. Komm! Folge mir! Liebchen, fasse Mut!
  Ich herze dich mit tausendfacher Glut;
  Nur folge mir! Ich bitte dich nur dies!   4500
MARGARETE *(zu ihm gewendet).*
  Und bist du's denn? Und bist du's auch gewiss?
FAUST. Ich bin's! Komm mit!
MARGARETE.   Du machst die Fesseln los,
  Nimmst wieder mich in deinen Schoß.
  Wie kommt es, dass du dich vor mir nicht scheust? –
  Und weißt du denn, mein Freund, wen du befreist?   4505
FAUST. Komm! komm! Schon weicht die tiefe Nacht.
MARGARETE.
  Meine Mutter hab ich umgebracht,
  Mein Kind hab ich ertränkt.
  War es nicht dir und mir geschenkt?
  Dir auch – Du bist's! ich glaub es kaum.   4510
  Gib deine Hand! Es ist kein Traum!
  Deine liebe Hand! – Ach aber sie ist feucht!
  Wische sie ab! Wie mich deucht
  Ist Blut dran.
  Ach Gott! Was hast du getan!   4515
  Stecke den Degen ein;
  Ich bitte dich drum!
FAUST. Lass das Vergangne vergangen sein,
  Du bringst mich um.
MARGARETE. Nein, du musst übrig bleiben!   4520
  Ich will dir die Gräber beschreiben,

Für die musst du sorgen
Gleich morgen;
Der Mutter den besten Platz geben,
Meinen Bruder sogleich darneben,   4525
Mich ein wenig beiseit,
Nur nicht gar zu weit!
Und das Kleine mir an die rechte Brust.
Niemand wird sonst bei mir liegen! –
Mich an deine Seite zu schmiegen   4530
Das war ein süßes, ein holdes Glück!
Aber es will mir nicht mehr gelingen;
Mir ist's als müsst ich mich zu dir zwingen,
Als stießest du mich von dir zurück;
Und doch bist du's und blickst so gut, so fromm.   4535

FAUST. Fühlst du dass ich es bin, so komm!

MARGARETE. Dahinaus?

FAUST. Ins Freie.

MARGARETE.   Ist das Grab drauß',
Lauert der Tod, so komm!
Von hier ins ewige Ruhebett   4540
Und weiter keinen Schritt –
Du gehst nun fort? O Heinrich, könnt ich mit!

FAUST. Du kannst! So wolle nur! Die Tür steht offen.

MARGARETE.
Ich darf nicht fort; für mich ist nichts zu hoffen.
Was hilft es fliehn? Sie lauern doch mir auf.   4545
Es ist so elend betteln zu müssen,
Und noch dazu mit bösem Gewissen!
Es ist so elend in der Fremde schweifen,
Und sie werden mich doch ergreifen!

FAUST. Ich bleibe bei dir.   4550

MARGARETE. Geschwind! Geschwind!
Rette dein armes Kind.
Fort! Immer den Weg
Am Bach hinauf,
Über den Steg   4555
In den Wald hinein,
Links wo die Planke steht,
Im Teich.
Fass es nur gleich!
Es will sich heben,   4560

Es zappelt noch!
Rette! rette!
FAUST. Besinne dich doch!
 Nur Einen Schritt, so bist du frei!
MARGARETE. Wären wir nur den Berg vorbei!   4565
Da sitzt meine Mutter auf einem Stein,
Es fasst mich kalt beim Schopfe!
Da sitzt meine Mutter auf einem Stein
Und wackelt mit dem Kopfe;
Sie winkt nicht, sie nickt nicht, der Kopf ist ihr schwer, 4570
Sie schlief so lange, sie wacht nicht mehr.
Sie schlief damit wir uns freuten.
Es waren glückliche Zeiten!
FAUST. Hilft hier kein Flehen, hilft kein Sagen;
 So wag ich's dich hinweg zu tragen.   4575
MARGARETE.
Lass mich! Nein, ich leide keine Gewalt!
Fasse mich nicht so mörderisch an!
Sonst hab ich dir ja alles zulieb getan.
FAUST. Der Tag graut! Liebchen! Liebchen!
MARGARETE.
Tag! Ja es wird Tag! der letzte Tag dringt herein; 4580
Mein Hochzeittag sollt es sein!
Sag niemand dass du schon bei Gretchen warst.
Weh meinem Kranze!
Es ist eben geschehn!
Wir werden uns wiedersehn;   4585
Aber nicht beim Tanze.
Die Menge drängt sich, man hört sie nicht.
Der Platz, die Gassen
Können sie nicht fassen.
Die Glocke ruft, das Stäbchen bricht.   4590
Wie sie mich binden und packen!
Zum Blutstuhl bin ich schon entrückt.
Schon zuckt nach jedem Nacken
Die Schärfe die nach meinem zückt.
Stumm liegt die Welt wie das Grab!   4595
FAUST. O wär ich nie geboren!
MEPHISTOPHELES *(erscheint draußen)*.
Auf! oder ihr seid verloren.
Unnützes Zagen! Zaudern und Plaudern!

Meine Pferde schaudern,
Der Morgen dämmert auf. 4600

MARGARETE. Was steigt aus dem Boden herauf?
Der! der! Schick ihn fort!
Was will der an dem heiligen Ort?
Er will mich!

FAUST. Du sollst leben!

MARGARETE.
Gericht Gottes! Dir hab ich mich übergeben! 4605

MEPHISTOPHELES *(zu Faust).*
Komm! komm! Ich lasse dich mit ihr im Stich.

MARGARETE. Dein bin ich, Vater! Rette mich!
Ihr Engel! Ihr heiligen Scharen,
Lagert euch umher, mich zu bewahren!
Heinrich! Mir graut's vor dir. 4610

MEPHISTOPHELES.
Sie ist gerichtet!

STIMME *(von oben).* Ist gerettet!

MEPHISTOPHELES *(zu Faust).* Her zu mir!
(Verschwindet mit Faust.)

STIMME *(von innen, verhallend).*
Heinrich! Heinrich!

Zu dieser Ausgabe

Der Text der vorliegenden Ausgabe folgt der Edition:

Johann Wolfgang Goethe: Faust-Dichtungen. Bd. 1: Texte.
Hrsg. von Ulrich Gaier. Stuttgart: Reclam, 1999.

Ihr liegt der *Faust*-Text im 12. Band der Ausgabe letzter Hand
(*Goethe's Werke*, Stuttgart/Tübingen: J. G. Cotta, 1828) zugrunde.
Die Orthographie wurde nach den neuen amtlichen Rechtschreibregeln behutsam modernisiert; der originale Lautstand und gram-
matische Eigenheiten blieben gewahrt. Die Interpunktion folgt der
Druckvorlage. Über die Auslassungen in den Versen 3961, 4138 f.
und 4142 f. gibt Goethes Handschrift Auskunft: *farzt – stinkt*;
ungeheures Loch – groß – rechten Pfropf – das große Loch. Die
Lücke in Vers 1821 ist als *Hintern* oder *Hoden* zu lesen. Zur Text-
gestalt im Einzelnen sei auf die Ausführungen des Herausgebers
ebenda, S. 679–685, und auf den Zeilenkommentar Gaiers in Band 2
der *Faust-Dichtungen* (1999) verwiesen.